과거는
미래를 아는
열쇠다.

진짜 공신이 되는
기적의 공부법

진짜 공신이 되는
기적의 공부법

김범수 지음

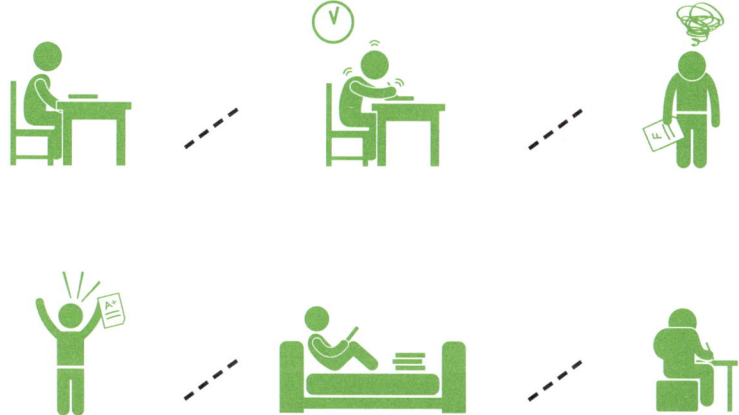

더디퍼런스

차 례

제1장

한때는 수학 1등급, 모의고사는 5등급?

제2장

영어단어를 안 외우는데 영어 성적이 좋겠어?

　　서점에 가면 온갖 학습법이 넘쳐난다. 그야말로 '학습법의 홍수' 시대라 할 만하다. 하지만 홍수 속에서도 갈증은 쉽게 해갈되지 않는다. 지금껏 만난 수많은 학부모와 수험생은 한결같이 학습법에 대한 갈증을 호소해왔다. 시중에 나와 있는 학습법이란 학습법 책은 다 사서 토씨 하나 빼먹지 않고 읽어본 학부모도 만났다. 하지만 대다수는 지루하고 큰 도움이 되지 않는다는 반응이었다.

　　이는 수요자 입장이 아닌 공급자 입장에서 학습법 책을 썼기 때문이다. 전적으로 공감한다. 입시전문가인 나조차 '학습법 관련 책을 읽으면 너무 어렵구나' 하는 인상을 받곤 하니까 말이다.

　　필자는 철저히 수요자 입장에서 이 책을 집필했다. 학부모와 수험생이 쉽게 읽고 이해하며 적용해서 효과를 체감할 수 있도록 말이다. 2015년 5월에 출간한 《IN서울 대학 자기소개서 쓰기의 비밀》도 그런 측면에서 많은 학부모와 수험생에게 호평을 받았다. '선생님이 쓴 자기소개서 책이 시중에 나와 있는 다른 책보다 더 쉽고 사례 중심적이라 유용하며 자기소개서 쓰기에 실질적인 도움이 된다'는 반응이었다.

이번에 내놓는 학습법 책도 마찬가지다. 필자는 독자들이 쉽고 재밌게 읽을 수 있도록 학습법 유형별로 목차를 묶었다. 목차를 살펴보면 '아! 이거 우리 아이 이야기인데!' 또는 '아 이건 난데?' 싶은 경우가 적지 않을 것이다.

이 책에는 필자가 한 대형 입시업체에서 근무하면서 개발한 학습법의 정수가 담겨 있다. 필자는 수능 기준으로 평균 4~5등급 반을 맡아 관리해왔다. 하지만 아무리 노력하고 애쓰고 별의별 수단을 다 써봐도, 한 반에서 성균관대 1명, 중앙대 1명 합격시키기가 쉽지 않았다.

정말 안타까웠다. 개중에는 뺀질거리고 게으른 친구들도 있었지만, 태반은 진짜 열심히 공부를 했다. 공부하는 시간으로 수능 등급을 준다면 1등급은 충분히 받고도 남을 친구들이었다.

나는 중위권 학생들도 충분히 대박을 칠 수 있다는 믿음이 있다. 그때도 지금도 마찬가지다. 하지만 주변의 반응은 회의적이었다. 한 학원관리자가 '중위권 반 학생들은 상위권 반에 장학금을 대주고 학원 운영경비를 내주는 고마운 친구들이다. 하지만 아무리 해봤자 중위권은 한계가 있다'라는 말을 내뱉었을 때는 충격도 충격이었지만 오히려 오기가 생겼다. 계속해서 중위권 반만 맡게 된 이유였다.

하지만 그 과정은 쉽지 않았다. 이 방법 저 방법을 써봐도 소위 말하는 대박이 생기지 않았다. 그 이유를 분석해보니 '전혀 엉뚱한 데 힘을 쓰고 있구나' 하는 결론이 나왔다.

예전에 히딩크가 대한민국 축구 국가대표팀 감독으로 부임하면서 '한국 선수들은 체력은 강한데 기술이 부족하다'라는 이야기를 듣고는 '아니다. 한국 선수들은 기술은 강한데 체력이 약하다'라는 분석을 내놓아서 큰 충격을 준 일화가 있다. 문제의 본질을 제대로 파악한 히딩크 감독은 결국 월드컵 4강이라는 성적표를 선물로 주었다.

내가 내린 결론도 마찬가지였다. 중위권 학생들의 성적이 안 좋은 경우는 '공부를 그만큼 안 하기 때문이다'라고 생각하기 쉽다. 양적인 개념에서만 생각하는 것이다. 하지만 필자가 몇 년 동안 중위권 학생들을 지도하며 내린 결론은 다음과 같았다.

'그만큼 공부를 안 하는 것이 아니라, 그만큼 쓸데없는 공부를 하기 때문이다.'

엉덩이를 붙이고 공부하는 시간은 상위권 학생들과 다름없지만, 정작 무엇을 공부해야 하고 어떻게 시험을 치러야 하는지 그 요령을 잘 모르기 때문이었다.

여기에서 착안한 필자는 시험가이드 공부법부터 이 책에 담겨 있는 다양한 공부법을 개발해, 수능 평균이 국어 4등급, 수학 4.5등급, 영어 4등급이었던 자연계 중위권 반에 적용했다. 보통 이런 중위권 반은 성적이 가장 많이 오른다는 기숙학원조차 성균관대에 1~2명 보내는 수준에서 끝나는 경우가 많다.

하지만 시험가이드를 비롯해 필자가 개발한 학습법을 강요한 결과는 상상할 수 없을 정도로 놀라웠다. 메가스터디학원 전체에서 모의고사 성적향상률 1등을 3번이나 하는 기염을 토한 것이다. 강남메가스터디, 서초메가스터디 등 메가스터디에서 내로라하는 상위권 수험생들까지 포함한 결과라 더 의미가 있었다. 전체 1등을, 그것도 연속해서 3번이나 받기가 쉬울 것 같은가? 학원에서 수십 년을 근무해도 1번 받을까 말까 한 성적표다.

그렇다면 이 친구들의 대입결과는 어땠을까?

서울대 자유전공 1명(이 친구는 무려 6수생이었다), 연세대 2명(의예과, 건축공학. 건축공학에 합격한 이 친구는 3수생이었다. 아버지가 강남에서 꽤나 유명한 수학 강사인데, 그 학원에서 재수를 하다가 결국 성적이 안 나와 3수를 선택한 것이다), 고려대 2명(이과대학, 사회기반시스템공학), 제주대 의예과 1명, 강원대 수의예과 1명, 공군사관학교 1명(정책), 성균관대 4명(공학계열 3명, 전자정보통신 1명), 한양대 2명(전기생체, 전자공학), 서울시립대 1명(토목공학), 경희대 2명(수학과, 전자전파), 인하대 2명(항공조선, 수학통계), 아주대 1명(기계공학), 건국대 3명(산업섬유, 항공우주, 토목공학), 홍익대 2명(정보컴퓨터, 전자공학), 한국항공대 2명(항공우주기계, 전기전자), 서울과학기술대 2명, 부산대 1명(사회환경시스템), 경북대 1명(자유전공), 이렇게 31명이 성공을 거두었다.

매번 비슷한 수능 성적대의 수험생들을 받아 똑같이 노력했는데 이런 말도 안 되는 결과가 나온 것에 대해 나도 놀랐고 수험생들 또한 놀랐다.

내가 관리하고 있는 연간회원들 또한 이 학습법에 찬사를 보낸다. 4~5등급에서 벗어나지 못했던 수험생이 단 몇 시간 동안 시험가이드 학습법 강의를 받았을 뿐인데 2~3등급으로 상승하니 당연한 반응이다.

이제는 필자가 개발한 학습법을 세상에 공개해야 할 때가 되

었다고 생각한다. 이 책을 읽고 적용해보라! 충분히 부러움의 대상
이 될 수 있다.

어려운 출판 환경 속에서도 흔쾌히 본인의 졸저를 출판해주신
더디퍼런스 조상현 대표님께 진정으로 감사한 마음을 전한다. 이
책을 읽고 궁금한 내용이 있는 분은 아이플러스컨설팅(1661-9286,
http://cafe.naver.com/skylovedu) 또는 skylovedu@naver.com으로 문의
를 주시면 최선을 다해 돕겠다.

아이플러스컨설팅 사무실에서
김범수

이 세상에는 수많은 명언이 있습니다. 저는 그중에서 '과거는 미래를 아는 열쇠다'라는 말을 가장 좋아합니다. 그 이유는 제가 수능을 준비하면서 실천했던 제 공부법이 그 말의 의미를 명확하게 담고 있기 때문입니다.

고등학교 3학년이 되면서 '대학입시'가 실감 나기 시작한 저는 수능과 관련된 것이면 무엇이든 열심히 공부했습니다. 의자에 앉아서 책을 보는 시간, 그 절대적인 수치, 혹은 그 시간을 통해 학습한 방대한 양의 지식이 좋은 성적을 받는 유일한 방법이라고 생각했기 때문입니다. 첫 모의고사에서 좋지 않은 성적을 받았지만, 아직 학습량이 충분하지 않기 때문이라고 생각하며 문제 수를 더 늘려 공부하였습니다.

그럼에도 불구하고 늘어나는 공부량과는 다르게 계속되는 시험에서 좋지 않은 성적을 받았습니다. 점점 시험을 통해 드러나는 저의 성적이 실력과는 무관한 것으로 여겨졌고, 어느 순간 시험 보는 것이 두려워졌고, 자연스럽게 시험을 멀리하였습니다. 그 후로 '수능은 다르겠지' 하는 낙관적인 생각을 희망 삼아 공부했지만 성적표는 냉정했고, 눈물을 머금고 재수를 선택하였습니다.

독하게 마음먹고 시작한 재수, 그 시작에서 저는 먼저 실패의 원인을 찾아보려 했습니다. 문제점을 하나둘씩 발견하면서, 저는 저 자신을 있는 그대로 '직시'하였습니다. 그러면서 제가 여전히 시험을 두려워하고 있다는 사실을 알게 되었고, 그것을 인정하게 되었습니다.

하지만 어디서부터 고쳐나가야 할지, 어떻게 시작해야 좋을지 아무런 방향감각이 없이 막연하였습니다. 그래서 담임 선생님이셨던 김범수 선생님께 찾아가 조언을 구하였습니다. 선생님은 저와 같은 유형의 친구들을 위해 개발한 '시험가이드'라는 공부법을 소개해주셨습니다.

'시험을 보는 날 계획을 세운다?'
저에게는 매우 생소한 공부법이었습니다. 또한 '시험을 보기 전과 보고 난 후 쉬는 시간에 대한 계획을 세우는 과정이 정말 의미 있는 것일까?' '이렇게 해서 성적이 오를까?' 하는 의구심이 들기도 하였습니다.

　　그렇게 '시험가이드' 학습법을 시작하게 되었습니다. 저는 시험이 시작하고 끝날 때까지 제가 했던 행동 혹은 그때의 상황을 모두 적어보았습니다. 그러자 그 속에서 학습량 외에도 성적에 영향을 미치는 변수를 찾아낼 수 있었고, 그 변수를 최소화하기 위하여 제가 취해야 할 행동 방식을 정하고 계획할 수 있었습니다. 이렇게 시험에 대한 분석이 반복되면서 점점 저만의 시험 보는 방식을 찾아갈 수 있게 되었습니다. 그리고 마침내 두 번째 수능에서 그 과정이 주는 선물을 얻게 되었습니다.

　　하나의 열쇠로 이 세상의 모든 문을 다 열 수 있을까요? 세상에는 엄청난 종류의 문이 있고, 그에 맞는 열쇠도 무수히 많을 것입니다. 이처럼 공부를 하는 방법 내지는 시험을 보는 방법도 사람마다 매우 다양할 것입니다. 하지만 분명한 것은 시험이라는 문을 통과하려면 나만의 열쇠를 찾아야 한다는 사실입니다. 존경하는 김범수 선생님이 쓴 이 학습법 책은 자신만의 열쇠를 찾는 데 큰 도움이 될 것이라 확신하고 강력히 추천합니다.

권기상

고려대학교 이과대학 수학과 학생, EBS 〈공부의 왕도〉 155회 출연자

제1장

한때는
수학 1등급,
모의고사는
5등급?

> **평소에는 1등급 H**

하지만 모의고사만 치르면
5등급인 이유는?

　　H는 제주도에서 고등학교를 졸업한 친구다. H는 마치 북한에서 펼치는 매스게임처럼 일사분란한 응원으로 유명한 고등학교 출신이었다. 대학수학능력시험에서 국어 1등급, 수학 5등급, 영어 2등급, 탐구 2등급을 받고는 재수를 선택했고 나를 만나게 됐다. 대학을 떨어져서 재수를 한 것이 아니라, 서울과학기술대에 합격을 했지만 너무나 억울해서 재수를 한 것이었다.

　　왜 억울할까? 수능시험을 치르기 전에는 모의고사 전 과목에서 줄곧 1등급을 받았기 때문이다. H는 본인도 그리고 출신 고등학교에서도 의예과 진학을 예상할 만큼의 실력자였다. 하지만 정작 가장 큰 시험, 그것도 자연계열에서 가장 중요한 과목인 수학에서 상상조차 하지 못했던 5등급을 받은 것이었다. 얼마나 억울했을까? 그러니 재수를 선택할 수밖에 없었을 터이다.

그런데 재밌는 것은 재수를 시작하자 수학 성적이 항상 5등급 언저리에 머물렀다는 점이다. 6월 평가원 모의고사, 9월 평가원 모의고사까지 항상 5등급을 받은 것. 그렇다고 수학공부를 안 한 것도 아니다. 하루 공부시간의 절반을 수학공부에 매달렸다. 수학문제도 9월까지 1만 문제를 풀었다. 학원가에는 '수학 1만 문제를 풀면 1등급은 문제없다'라는 격언이 있는데, 이 친구는 실제로 그 격언을 믿고 9월까지 1만 문제를 푼 것이다.

2월 중순부터 재수를 시작해서 9월 초까지 1만 문제를 풀려면 하루에 50문제씩 꾸준히 풀어야만 가능하다. 1문제당 풀이 시간을 2분만 잡아도 1시간 40분씩을 풀어야 한다. 그렇게 피나는 노력을 기울였지만 돌아오는 성적표는 국어·영어·과학탐구 영역은 1~2등급인 데 반해 유독 수학만 5등급이었다. 본인뿐 아니라 지켜보는 나조차 답답해 미칠 노릇이었다.

여기서 문제 하나를 내겠다. 참고로 이 학생의 성별은 무엇일까? 남학생? 여학생?

생각할 시간 5초를 드리겠다. 1초, 2초, 3초, 4초, 5초.

정답은 남학생이다. 필자가 왜 뜬금없이 이런 질문을 했는가 하면, 보통 위와 같은 경우는 남학생보다는 여학생에게 많은 유형이기 때문이다. 이런 유형을 '큰 시험에 약한 유형'이라고 정의 내리는데, 이 책을 읽는 독자들 중에도 해당하는 경우가 많을 것이다.

다시 본론으로 돌아가자. 이 H라는 친구는 9월 평가원 모의고사를 끝내고 나서 상담을 요청해왔다. "아무리 공부해도 수학 성적이 안 올라가니 어쩌면 좋을까요? 시원한 처방을 내려주세요."

몇 개월 동안 꾸준히 지켜보고 분석한 결과를 토대로 하여 내린 처방은 의외로 간단했다. 그리고 그 처방을 받은 이후 H는 수능에서 수학 1등급을 회복했고, 정시모집으로 한양대 전자공학과에 합격했다. 그 비법은 뒤에서 구체적으로 설명하겠다.

> 수학 1등급 받아 한양대 간 H

큰 시험에 대한 공포감을
극복한 비결은?

상담을 요청한 H를 만나 내려준 처방은 무엇일까? 뭔가 근사한 처방이기를 기대하는가?

아니다. 나는 항상 학부모와 수험생을 만날 때면 뭔가 그럴 듯하고 근사한 비법은 없다고 단언한다. 오히려 비법은 가장 단순하고 가까이에 있지만 아주 평범하기 때문에 비법이라고 인식하지 못하는 것이라고 대답한다.

H를 몇 개월 동안 지켜보니, 모의고사만 치르면 성적이 안 나왔다. 시험지를 받아들면 머릿속이 백지장처럼 하얗게 된다고 하

소연을 한다. 하지만 시험이 끝나고 다시 한 번 풀어보면 1등급에 해당하는 원점수가 나왔다. 미칠 노릇이다. 여러분은 이럴 경우에 어떤 처방을 내리겠는가?

1. 수학 개인교습을 붙인다

2. 정신과 의사를 찾아간다

3. 수학을 포기한다

4. 그냥 열심히 공부한다

5. 시험 전과 시험 후의 성적이 다른 이유를 찾아서 개선한다

　필자가 원하는 정답은 5번이다.

　이 친구의 문제는 모의고사와 같은 큰 시험에 약하다는 점이었다. 다시 말해 본실력을 제대로 보여주지 못한다는 것이 핵심인데, 그 원인을 해결하지 못하면 제아무리 1만 문제, 10만 문제를 푼다 한들 제자리걸음일 것이다.

　나는 H의 문제점을 '심리적인 부분'에서 찾았다. '트라우마'라는 단어, 다들 익숙하지 않은가? 트라우마는 심리학에서 '정신적 외상' '영구적인 정신장애를 남기는 충격'을 말한다.

　트라우마의 예로는 사고로 인한 외상이나 정신적인 충격 때문에 사고 당시와 비슷한 상황을 마주할 때, 그때처럼 불안해지는 것을 들 수 있다. 이 친구도 수능시험에서 받은 수학 5등급 트라우마 때문에 본실력을 발휘하지 못하는 것이다. 불안한 마음에 하루의 절반을 수학공부에 투자하지만, '내가 수능에서 1등급을 받을 수 있을까?' '내가 이렇게 열심히 하지만 고3 때처럼 수학에서 5등급을 받으면 어떡하지?'와 같은 두꺼운 철의 장막이 언제나 함께하기 때문에 정작 필요할 때 본실력이라는 배우가 등장하지 못했던 것이다.

내가 내린 처방은 크게 2가지다.

우선 수학에서 100점을 받아야 한다는 강박관념을 버리라고 했다. 본실력에 비해 큰 시험에 약한 유형은 공통적으로 이런 강박관념이 있다. 100점을 받으면 더할 나위 없이 최고라 할 수 있다. 하지만 100점 받기가 쉬운가? 어렵다. 수능에서 1등급만 받으면 서울대, 연세대, 고려대 등 명문대학으로 진학하는 데 충분하다. 그런데 100점을 받아야만 1등급이 되는가?

요즘에는 물수능 때문에 100점을 받아야만 1등급이 되는 경우도 있지만, 일반적으로 수학 난도가 다소 쉬운 경우에는 원점수 94점, 다소 어려운 경우는 88점, 정말 어려운 경우는 82점 정도를 받으면 1등급이 된다. 쉽든 어렵든 최소 1~2개를 틀려도 1등급을 받는다는 것이다. 실제로 2016학년도 9월 평가원 모의고사 수학 A

형(주로 인문계열 응시자들이 선택) 1등급 커트라인 원점수는 96점이었다. 100점뿐 아니라 4점짜리 문제 하나를 틀려도 1등급을 받았다.

따라서 100점이 목표가 아닌 96점이나 94점을 목표로 하자고 했다. 쉽게 말하면 2등 전략인 셈이다.

이게 무슨 처방이냐고 묻는다면, 아주 큰 효과가 있는 처방이라고 대답하겠다. 우선 100점을 받아야 한다는 강박관념을 가지면 시간에 쫓기게 된다. 100점을 받기 위해서는 모든 문제를 다 풀어야 하기 때문이다. 하지만 '96점만 맞자' '94점만 맞자'고 하면 어차피 1~2문제는 놓쳐도 되기 때문에 상대적으로 마음이 편안해진다.

전자는 실수를 용납할 수 없기 때문에 실수가 하나라도 생기면 소위 말하는 '멘붕'이 오는 것이고, 후자는 어차피 1~2문제는 틀려도 되기 때문에 실수가 생겨도 여유를 챙길 수 있는 것이다.

예컨대 농구공 넣기를 한다고 하자. 학창 시절에 한 번씩은 실기점수에 포함된다고 던져봤던 기억이 있을 것이다. 반드시 10개를 다 넣어야 한다는 강박관념에 휩싸여 농구공을 던진다고 하자. 어떤 결과가 나오는가? 긴장한 탓에 10개는 고사하고 6개 넣기도 힘든 경우가 많다. 하지만 10개 중 8개만 넣자는 마음을 가지고 던지면 10개가 다 들어가는 경우도 많다. 결국 마음을 어떻게 먹느냐에 따라 결과에 영향을 미치는 것이다.

두 번째 처방은 트라우마를 극복하는 것이다.

그 친구가 수학에 트라우마를 가지게 된 계기는 결국 대학수학능력시험에 있었다. 트라우마가 발생한 곳에서 트라우마의 원인을 찾고 해결방법을 찾아야 한다. 내가 내준 처방은 본인에게 5등급의 아픔을 선물해준 지난해 대학수학능력시험 수학문제지를 다시 한 번 풀게 한 것이었다.

수학시험 시간은 100분이지만 60분만 줬다. 또 지난해 수학문제지도 객관식 선지를 다 지웠다. 수능 수학은 객관식 21문제와 주관식 9문제로 구성되는데, H는 30문제 전부를 주관식으로 풀게 된 것이다.

이렇게 한 이유는 크게 2가지였다. 첫째는 지난해 수능시험이라 풀기 전에 몇 번에는 몇 번이라는 정답번호가 생각날 수 있어서였다. 둘째는 5등급을 선물해준 그때 시험지보다 더 까다롭고 혹독한 조건을 만들어 객관적인 실력을 평가해보자는 의미였다.

시험지를 내주고 60분 동안 지켜봤다. 그리고 채점은 내가 직접했다. 어떤 결과가 나왔을까?

시간은 40분이 줄고 모두 다 주관식으로 푼 시험에서 원점수 96점이 나왔다. 지난해 기준으로 1등급 원점수가 나온 것이다. 이때의 경험으로 그 친구의 트라우마는 깨끗이 해결됐다. 그날 이 친구는 학습계획서에 이렇게 적었다.

지난해 5등급을 받았던 수학시험지를 다시 한 번 풀어봤다. 모두 다 주관식으로 바뀌었고 풀이 시간도 60분에 불과했다. 하지만 원점수는 96점이 나왔다. 1등급이다. 놀랐다. 내가 왜 5등급을 받아야 했지?

그날 이후 트라우마에서 벗어난 H는 수능에서 당당히 1등급을 받았다. 공부법이라 하면 보통 어떤 식으로 공부하면 되는지와 같은 방법적인 부분에 맞추어져 있다. 하지만 필자는 심리적인 부분도 공부법의 하나라고 생각한다. 아무리 훈련이 잘된 병사가 있다 해도 자신감이 없으면 오합지졸이 되는 것처럼, 심리적인 부분도 잘 살펴야 제대로 된 공부방법이 완성되는 것이다. H처럼 평소에는 잘하지만 큰 시험에서 약한 수험생들을 위한 처방을 다시 한번 정리해서 강조한다.

첫째, 모의고사를 풀 때는 객관식을 주관식으로 변형해라

이 방법은 실제로 강남 대치동에서 검증된 방법이기도 하다. 강남에서 아주 유명한 수학학원에서는 상위권 학생들에게 모의고사 문제지의 객관식 선지를 다 지우고 주관식으로 풀도록 한다. 객관식보다는 주관식이 풀기가 더 부담스럽게 마련이다. 객관식이면 막말로 찍기라도 하지만 주관식은 찍어도 정답일 확률은 거의 제로에 가까우니 말이다.

이렇게 매번 30개씩 주관식 문제를 풀다가, 실제 시험장에서 주관식 문제가 9개로 줄어버리면 어떤 결과가 생길까? 훨씬 부담이 덜하게 된다. 또한 평소보다 쉽게 풀어나가게 된다.

이렇게 생각하면 된다. 평소에 걸을 때 양다리에 3킬로그램짜리 모래주머니를 달고 계속 걷는다고 생각해보자. 어느 순간 모래주머니를 제거하면 어떤 기분이 들까? 몸이 날아갈 것 같은 기분이 든다. 실제로도 그렇다. 100미터 달리기를 한다고 했을 때 평소처럼 뛰는 것과 모래주머니를 달고 한 달 동안 뛰는 연습을 한 후 다시 모래주머니를 풀고 100미터를 달리는 것, 전자와 후자는 어떤 차이가 있을까? 당연한 이야기겠지만 후자의 경우가 기록이 더 빠를 것이다.

수학문제를 풀 때는 모든 문제의 주관식화를 실천해보자. 객관식 문제로 풀 때보다 자신감이 배가되는 것을 느낄 터이다.

둘째, 앞에서도 이야기했지만 100점을 받아야 한다는 강박관념을 버리자

어차피 1~2개 정도는 틀려도 된다는 여유를 가지면 심적인 부담이 줄고 평소보다 더 잘 풀린다는 느낌을 받게 될 것이다. 그리고 진짜로 받게 된다.

셋째, 큰 시험에 약한 원인 중 하나는 시험불안이다

2007년 가톨릭의대 서울성모병원 채정호 교수팀과 마음누리 클리닉이 재수생 500여 명을 대상으로 '시험불안 정도와 수능 성적의 관계'를 조사했다. 시험불안이 심한 집단이 그렇지 않은 집단에 비해 원점수가 9점 이상(언 · 수 · 외 300점 기준) 낮았다. 따라서 시험불안을 해결할 수 있는 해결책을 찾아야 한다.

시험불안 해결에 좋은 몇 가지 방법을 소개하겠다. 실제로 수험생들에게도 강조하고 강제로라도 하게끔 했던 방식이다. 임상실험을 거쳤고 다들 도움을 받았던 방법이다. 아주 근사한 방법은 아니지만 계속 강조하듯이 비법은 멀리 있지 않다. 아주 가까이에 있다. 전문가들이 추천하는 시험불안 해소방법은 다음과 같다.

하나는 리허설 효과다. 리허설 효과는 수능 당일의 상황을 미리 연습함으로써 심리적 안정을 유도해 시험불안을 완화시켜준다. 눈을 감은 후 시험장에서의 행동을 떠올려 보면서 어떻게 대처할 것인지를 상상하면 된다. 리허설 효과는 시나리오를 만들어나가는 과정이다. 어떤 일이 벌어질지 구체적으로 상상하고 해결책을 찾는 것이 중요하다. 예컨대 국어시험 종료 3분 전에 OMR 카드 답안을 밀려서 표시했을 경우 당황하지 말고 '수정테이프를 사용하자'고 다짐하는 등, 예상되는 여러 가지 상황에 자신만의 대처방법을 구상하는 것이다. 간단한 방법이지만 의외로 효과는 좋다. 사람은 예측할 수 없는 상황에서는 심한 스트레스를 받지만, 반대의 경우에는 심리적으로 편안한 상태에서 집중할 수 있기 때문이다. 리허설 효과는 예측에 따른 통제감을 향상시켜 심리적 만족감을 높여준다. 잠자리에 들기 전 최소 5분 이상 하는 것이 좋다.

또 하나의 방법은 바로 복식호흡이다. 가슴을 움직이지 않도록 한 채 코로 숨을 깊게 들이마셨다가 잠시 참은 후 입으로 내쉬면 된다. 참는 숨과 내쉬는 숨의 비율은 1대 5로 한다. 복식호흡이 어렵게 느껴질 경우에는 대안호흡도 좋다. 두 손을 소라처럼 만든 후 입과 코 주변을 감싸고 호흡하면 긴장 완화에 도움이 된다.

명상도 심리적 안정에 좋은 방법이다. 조용한 장소를 선택하고 가장 편안한 자세로 눈을 감은 다음, 5분 동안 천천히 복식호흡을 하면 된다. 이때 잔잔한 파도가 치는 바닷가와 오솔길같이 자신이 가장 평화스럽게 느끼는 장소를 생각하면 몰입에 도움이 된다. 공부 중에 지치거나 스트레스를 받을 때 5~15분 정도 해주면 좋다.

제2장

영어단어를
안 외우는데
영어 성적이
좋겠어?

> ## 암기 싫어하는 K

영어단어 안 외워도
3등급은 나오네?

영어공부에서 가장 중요한 것은 무엇일까?

질문이 너무 광범위하니 다시 질문하겠다. 수능 영어에서 가장 중요한 것은 무엇일까?

누구는 빈칸추론이라고 답하는가 하면, 아무개는 문법문제라고 답하기도 하고, 또 누군가는 영어듣기라고 답하기도 할 것이다.

하지만 필자가 원하는 대답은 '영어단어'다. 영어단어를 알아야 영어듣기도 가능하고 빈칸추론 문제도 풀 수 있고 문법문제도 풀 수 있다. 또한 감으로 풀다가 생기는 오역도 예방할 수 있어 실수를 줄일 뿐 아니라 모르는 영어단어 때문에 흐름이 끊기는 것 또한 막아준다.

　필드에서 수많은 학생을 만나다 보면 연구 대상인 학생들이 자주 보인다. 특히 영어에서 모의고사 기준 3등급(그것도 2등급에 가까운 3등급) 정도의 괜찮은 성적을 받는데, 정작 영어단어 암기는 하지 않는 수상한 수험생도 어렵지 않게 접할 수 있다. 오로지 감으로만 문제를 푼다는데, 이상하리만큼 영어 성적은 나쁘지 않다.

　K도 그런 경우였다. 국어·수학·영어·탐구 중 영어 성적이 가장 좋았다. 모의고사 기준으로 국어 5등급, 수학 4등급, 영어 3등급, 탐구 3등급 정도의 실력이었다. 그렇다고 영어공부를 열심히 하는 것도 아니다. 기본적인 단어조차 외우기를 싫어한다. 매일 영어단어를 30개씩 외우고 시험을 치르곤 했는데 반 정도는 빗살무늬 토기가 그려졌다.

　일반적으로 영어시험에서 3등급 정도를 받는 수험생들은 영어듣기가 다 만점이다. 그리고 장문독해도 다 만점이다. 빈칸추론에서 몇 문제 더 풀고 덜 풀고가 1등급, 2등급, 3등급을 구분 짓는다고 해도 과언이 아닌 셈이다. K는 외국에서 생활해본 적도, 그흔한 방학 중 단기 영어캠프도 다녀온 적이 없는 순수한 국내파다. 영어공부를 하는 시간은 하루에 고작 1시간 정도였다. 그나마도 30

분은 영어단어시험 때문에 어쩔 수 없이 영어단어를 외우는 시간, 나머지 30분은 숙제를 하는 데 사용했다.

오죽하면 필자가 K를 불러서 'K야, 가장 공부를 안 하는 영어에서 가장 좋은 성적이 나오는 이유가 무엇이냐?' 하고 물어본 적도 있었다. K의 대답은 '그냥 감으로 풀었을 뿐인데요?'였다.

정작 이런 유형은 결과가 좋지 않은 편이다. K처럼 '감으로 3등급을 받은 억세게 운이 좋았던 수험생'들은 하나같이 대학수학능력시험에서 머리털 나고 가장 안 좋은 성적을 받는 경우가 10에 8 내지는 9에 이른다. 내 경험상으로는 K도 8 내지 9에 들어가야 하는 경우였다.

왜 이런 일이 생길까? 몇 년 동안 그 이유를 분석해본 결과, 결론은 영어단어에 있었다.

영어단어의 뜻을 정확히 알지 못하고 감으로만 푼다면 오히려 가장 중요할 때 한 방을 얻어맞을 수 있다. 축구 경기를 한다고 생각해보자. 영어단어는 기초 체력이라 할 수 있다. 감은 공을 다루는 기술이다. 초반에는 기술이 빛을 보는 것 같다. 하지만 후반으로 가면 갈수록 기술을 발휘할 수 있는 체력이 고갈되어간다. 체력이 없으니 기술을 쓸 수도 없다.

히딩크 감독을 기억하는가? 우리나라 축구 대표팀 감독을 맡고 나서 누군가가 이렇게 부탁했다. '히딩크 감독님, 우리나라 축구 대표팀은 체력은 좋은데 기술이 부족해요. 그러니 선진기술을 많이 전수해주세요'라고 말이다. 그러나 히딩크 감독은 '한국 선수들만큼 기술이 좋은 축구 선수를 만나기가 힘들다. 한국 선수들은 두 발을 자유자재로 사용하지 않느냐? 내가 볼 때는 기술이 문제가 아니라 체력이 문제다. 장점을 오랜 기간 발휘할 수 있도록 해주는 체력이 부족하기 때문에 기대 이하의 결과가 나왔다고 생각한다'라고 대답해서 우리를 놀라게 했다.

따라서 기초 체력은 무시한 채 '기술만 좋으면 되지'라는 얄팍한 생각으로 영어를 대한다면 냉혹한 수능의 세계에서 살아남기가 어려워진다.

K는 수능에서 영어 1등급을 받았다. 그래서 정시모집에서 성균관대 공학계열에 최초합격할 수 있었다. 영어단어 암기를 싫어했던 K가 수능 1등급을 받게 된 공부법의 실체를 알아보자.

> 성균관대 간 K

수능에서
영어 1등급 받은 비결?

K가 영어단어 외우기를 싫어한 이유는 간단하다. 바로 암기를 싫어하는 유형이기 때문이다. K와 같은 유형은 자연계열 수험생에게 많다.

외우기를 싫어하는 이유는 무엇일까? 여러분은 무엇 때문이라고 생각하는가?

여러 이유가 있겠지만, 필자가 다년간 연구한 결과에 따르면 가장 큰 핵심적인 이유는 바로 '지루하기 때문'이었다. 수학처럼 풀어서 바로 정답이 나오는 문제를 좋아하는 유형의 수험생들에게 외우는 것은 고난 그 자체라고 할 수 있다. 영어에서 모의고사 기준 3~4등급, 즉 중위권 성적을 받는 수험생들의 특징 중 하나는 바로 '영어단어 외우기를 싫어한다'에 있다.

이 책을 읽고 있는 학부모와 수험생이라면 10에 9 정도는 공감할 것이다. 실제로도 그러니까 말이다.

이런 친구들을 만나 이유를 물어보면 공통적인 대답 중 하나가 '영어단어를 외울 시간이 없다'는 것이다.

과연 그럴까? 사실은 아니다. 외울 시간이 없는 것이 아니라 그다지 중요하지 않다고 생각하기 때문에 시간을 내지 않을 뿐이다. 또한 영어단어는 학원이나 과외를 통해 내주는 숙제로 해결하기 때문에 별도로 외울 필요가 없다고 느낄 수도 있다.

자, 이쯤에서 문제를 하나 내겠다.

영어단어를 외운다면 어떻게 외워야 할까요?

이 질문에 여러분은 뭐라고 답을 하겠는가? 영어단어를 외우는 방식은 크게 2가지로 나눌 수 있다.

첫째는 쓰면서 외우는 유형이다. 지금 이 책을 읽고 있는 부모님 세대에서는 흔하디흔했던 방법이다. 기억나는가? 샤프나 모나미 153볼펜을 가지고 연습장이 까만색으로 가득 찰 때까지 쓰고 또 썼던 추억의 공부방법. 하지만 요즘에는 이렇게 공부하는 수험생을 찾기가 쉽지 않다. 요즘 학생들은 쓰면서 공부하는 것을 아주 싫어라 한다. 뭐라고 할까? 비효율적이라고 생각하는 것 같다.

둘째는 눈과 입으로 외우는 유형이다. 말 그대로 외워야 할 단어와 뜻을 눈으로 보고 입으로 외우는 유형이다. 첫 번째 방식에 비해 번거롭지 않다는 장점이 있지만, 쓰면서 외우는 방식에 비하면 오랜 기간 머릿속에 남아 있기가 힘든 단점도 있다.

K 군처럼 외우는 것을 지루해하는 유형이라면 어떤 방식이 효과적일까? 참고로 K 군과 같은 유형의 또 한 가지 공통점은 '게으르다'는 것이다. 게으르기 때문에 첫 번째 방식은 맞지 않는다. 그렇다면? 결국 두 번째 방법 외에는 답이 없지만, 두 번째 방식도 문제가 있다. 마찬가지로 게으르기 때문이다.

단어테스트나 숙제를 위해 그 순간만 집중해서 기억할 뿐, 그 후에는 언제 그랬냐는 듯 리셋된다. 이런 유형의 친구들도 사실은 영어단어 외우는 것이 얼마나 중요한지 알고 있다. 하지만 머릿속으로는 알고 있으나 실천이 쉽지 않다. 막연하게 외우는 것에 대한 두려움이 있기 때문이다.

그렇다면 K 군과 같은 유형은 어떻게 해야만 할까? 앞에서 잠깐 힌트를 주었다. '수학처럼 풀어서 바로 답이 나오는 문제를 좋아하는 유형의 수험생들에게 외우는 것은 고난 그 자체라고 할 수

있다.'

K 군과 같은 유형은 수학처럼 체계적인 암기 시스템을 구축해
주는 것이 필요하다. 수학처럼 체계적인 암기 시스템이라니, 왠지
거창한 표현 같지만 아주 간단하다. 다음의 방법대로 하면 된다.

1. 단어장 용도로 사용할 A4 용지 절반 크기의 노트를 한 권 산다
2. 본인이 암기하지 못하거나 잘 까먹는 단어를 노트 앞 장에는 영어
   단어만, 뒷장에는 영어 뜻만 정리한다
3. 영어단어만 있는 앞 장과 영어 뜻만 있는 뒷장을 수시로 보면서
   외운다

하나하나 구체적인 방법을 살펴보자.

1. 단어장 용도로 사용할 A4 용지 절반 크기의 노트를 한 권 산다

요즘 수험생들, 특히나 영어 성적이 3~4등급대 수험생들의 공
통적인 특징 중 하나는 '본인만의 단어장이 없다'는 것이다. 서점
에 가면 각종 사교육업체에서 만들어낸 영어단어장이 넘쳐나는데
정작 나만의 단어장이 없다니, 그야말로 풍요 속의 빈곤이라 할 수
있다.

K 군이 영어단어를 외우기 싫어하는 이유 중 하나는 바로 이

런 영어단어장 때문이다. K 군처럼 자연계열 성향의 수험생들은 해야 할 것과 하지 말아야 할 것에 대한 생각이 뚜렷하다. 쉽게 이 야기하자면 고집이 세다. 자신이 생각할 때 필요 없거나 하지 말아야 한다면 그 고집을 쉬이 꺾지 않는다.

K 군은 상담 중에 '선생님, 영어단어장을 보면 외우기가 더 싫어져요. 내가 알고 있는 단어와 모르는 단어가 섞여 있다 보니 진짜 시간낭비 하는 것 같아요. 저는 외우는 것을 싫어하지만, 정말 필요해서 외워야 한다면 딱 외워야 할 것만 외우고 싶어요'라고 이야기했다.

아마도 뜨끔한 학부모와 수험생이 적지 않을 것이다. 그렇다면 어떻게 해야 할까? 간단하다. 내가 알고 있는 단어와 모르는 단어를 분리하면 되는 것이다. 그러기 위해서는 나만의 단어장이 필요하다. 나만의 단어장이 있어야 맞춤형 영어암기가 가능할 것이다.

2. 본인이 암기하지 못하거나 잘 까먹는 단어를 노트 앞 장에는 영어 단어만, 뒷장에는 영어 뜻만 정리한다

필자가 고등학교 때 개발한 학습법인데, 5급 공무원 시험 준비를 할 때도 요긴하게 써먹었던 방법이다. 이 방법으로 1차 시험을 어렵지 않게 통과했다. 필자가 연간회원으로 관리하는 학생들에게도 실제로 권하는 방법이다.

가장 처음 해야 할 일은 단어장의 총 매수를 세는 것이다. '응?' '왜?' 이런 의문이 들었다면 그대는 가능성이 충만한 인재다. 그러니 더더욱 필자가 안내하는 방법을 써야 한다.

예컨대 내가 산 단어장의 총 매수가 100매라고 하자. 그다음에는 영어 알파벳 순서대로 단어장을 배분한다. 영어 알파벳은 28자로 구성돼 있다. 100을 28로 나누면 한 글자당 4장 반 정도가 배분된다. 산술적으로 그렇다. 하지만 그렇게 배분했다가는 특정 단어는 공간이 부족하고 특정 단어는 공간이 남아도는 사태가 벌어진다. 그렇기 때문에 필자는 A, B, C, D, E, F, G, H, I, J, K, L, M, N, O, P와 그 나머지를 구분해 분량을 조정하라고 권한다.

실제로 해보면 알겠지만 A~P까지 16개 알파벳은 모르는 단어가 많이 나오기 때문에 그만큼 많은 페이지가 필요하다. 나머지 알파벳은 2~3장 정도만 배분해도 충분하다.

이렇게 해야 하는 이유는 효율적인 영어단어 암기를 위해서다. 다들 이런 경험은 하나씩 있을 것이다. 어디서 본 듯한 단어인데 뜻은 기억나지 않는 그런 단어 말이다. 이렇게 알파벳 순서로 본인이 모르거나 외워야 할 단어를 정리하면 이런 경우에 아주 효과적이다. 또한 알파벳 순서로 정리를 하면 그렇지 않은 경우에 비해 기억에 오래 남는다. 나만의 단어장이 중요한 이유는 바로 이 기억에 있다.

공부법에 어느 정도 관심이 있는 학부모라면 에빙하우스의 망각곡선에 대해 한번쯤은 들어봤을 것이다. 독일의 심리학자 에빙하우스가 정리한 것으로 '학습자가 학습한 내용을 잊지 않으려면 최소 4번의 복습 주기를 지켜야 하는데, 이는 학습 후 10분 후, 24시간 후, 7일 후, 한 달 후이다'라는 내용이다.

이런 에빙하우스의 망각주기를 마인드맵의 창시자 토니 부잔이 분석하여 복습주기로 정리한 것이 바로 '5·60·30'의 방법이다. 이 방법은 수업이 끝나고 5분, 그날 저녁에 60분 동안 복습을 한 후, 주말을 이용해 일주일 동안 배운 내용을 30분 정도 살펴보면 한 달 동안 기억이 가능하다는 것이다. 이를 한 달 뒤에 다시 한번 복습하면 6개월 이상의 장기기억으로 저장된다는 이론이다.

시중에서 파는 단어장을 본 적이 있는가? 분량이 상당히 많다. 한 번 이상 보기도 쉽지 않지만 여러 번 반복해서 보기는 더 어렵다. K 군과 같은 게으른 친구들이 영어단어 외우기와 친하지 않은 이유 중 하나가 여기에 있는 것이다.

본인이 의미를 모르거나 반드시 외워야 할 단어만 골라 나만의 단어장에 알파벳순으로 정리해놓으면 외워야 할 분량이 눈에 띄게 줄어든다. 암기의 부담을 많이 덜게 되는 것이다. K 군 역시 모 출판사에 판매하는 300페이지짜리 영어단어장을 이런 식으로 정리했다. 결과는? 80장 정도로 줄었다! 이 80장 안에 K 군에게 필요한 단어가 다 모여 있는 것이다.

이처럼 영어단어 암기의 범위를 반드시 외워야만 하는 범위로 줄여주면 어떤 일이 생길까? 영어단어 외우기를 그렇게나 싫어하던 아이들이 실제로 영어단어를 외우는 모습을 보게 될 것이다.

사실 K 군처럼 영어단어 외우기를 싫어하지만 영어 모의고사 등급이 3~4등급 수준인 친구들은 수능에서 출제에 사용되는 영어단어의 70퍼센트 이상은 알고 있다. 그들에게 필요한 것은 나머지 30퍼센트다. 그럼 벌써 답은 나왔다. 나머지 30퍼센트를 효율적으로 암기할 수 있도록 방향성을 잡아줘야 암기의 지루함을 덜어줄 수 있는 것이다. 노트 앞 장에는 영어단어만, 뒷장에는 영어 뜻만 정리하라고 한 것도 암기의 지루함을 덜어주기 위해서다.

3. 영어단어만 있는 앞 장과 영어 뜻만 있는 뒷장을 수시로 보면서 외운다

예컨대 앞 장에는 'Duplicate'라는 영어단어를 쓰고, 바로 뒷장에는 '복사'라는 뜻을 적어 놓았다고 하자. 앞 장의 영어단어를 보면서 뜻을 상기할 것이다. 그러다 도저히 단어의 의미가 기억나지 않는다면 뒷장에 있는 뜻을 보면서 '아, 맞아! 이런 의미였지!'라고 계속해서 기억을 자극할 수 있는 것이다.

필요할 때는 반대로도 할 수 있다. 뒷장의 뜻을 보면서 뜻에 해당하는 단어를 떠올리는 것이다. 한 면을 반으로 접어서 해도 좋다. 반으로 접어서 한쪽 면은 단어를, 다른 한쪽 면은 뜻을 정리한 후에 단어를 외우거나 아니면 단어를 가린 후 뜻을 떠올리면 효과 만점이다.

K 군도 위와 같은 방식으로 영어단어를 정리했고, 실제로 수능에서 영어 1등급을 받았다. 영어단어를 정복하니 감으로 풀다가 생기는 오역도 없어졌고, 영어단어가 막혀 고민하는 시간이 줄어들었다. 그리고 시험 중에 여유도 생겼다. 그 여유는 고스란히 빈칸추론 문제풀이에 쓸 수 있었고, 그 결과 1등급이라는 성적을 받게 된 것이다.

성적은
공부시간순이
아니잖아요

하루 14시간 공부만 하는
반전 사나이

K 역시 재수생이다. 충북 보은 출신으로 고등학교 재학 당시만 해도 모의고사 성적이 1~2등급 사이로 나와 의예과 진학을 꿈꿨던 사나이다. 하지만 역시나 수능에서 머리털 나고 받아보지 못했던 등급을 받아 재수 대열에 합류하게 되었다. 당시 K의 수능 성적은 국어 5등급, 수학 5등급, 영어 4등급, 과학탐구 4등급이었다.

K는 공부를 아주 열심히 했다. 재수를 시작한 2월과 3월은 그때의 아픔이 진하게 남아 있을 때이기 때문에, 열심히 공부하지 말라고 말려도 다들 알아서 열심히 공부한다. 하지만 5월이 지나고

날씨가 더워지면서 재수 초기에 갔었던 칼의 크기는 점점 작아져 어느 순간에 플라스틱 장난감 칼로 바뀌는 경우가 많다. 갈수록 흐트러지는 것이다. 하지만 K는 6월이 지나고 9월이 지나도 오로지 앉아서 공부만 했다. 내가 붙여준 별명은 '망부석', 책상에 한 번 앉으면 일어날 생각을 하지 않아서였다. K가 움직이는 시간은 쉬는 시간에 잠깐 화장실 다녀오고, 점심과 저녁시간에 밥 먹고, 그게 전부였다.

하루는 K의 자습시간 통계를 내봤는데, 무려 14시간이 나왔다. 공부시간으로 시험 성적을 준다면 당연히 K는 1등급, 그것도 원점수 만점이라고 할 수 있다. 하지만 어찌된 일인지 모의고사만 치르면, 성적 오를 기미가 안 보였다. 별명인 망부석처럼 모의고사 성적도 움직이지 않는 것이었다.

이런 유형의 학생들은 우리 주변에서 어렵지 않게 찾아볼 수 있다. 가장 답답하고 안타까운 유형이라고 할 수 있다. 공부를 안 하는 것도 아닌데, 성적은 공부시간에 비해 불가사의할 만큼 나오지 않는다. 본인뿐 아니라 지켜보는 입장에서도 속이 터진다.

재밌는 점은 이런 유형은 모의고사 등급 4~5등급 중위권 학생들 중에 많다는 것이다. 메가스터디학원에서 근무할 당시, 나는 이런 중위권 학생들만 맡아서 케어를 했다. 성적을 올리기 위해 별의별 방법을 다 써봤으나, 50명 중에 중앙대 1명을 합격시키기도 힘들었다.

그다음부터는 오기가 생겨서 계속 중위권 학생반만 맡았다. 안타깝기도 했지만, 도대체 왜 열심히 공부한 만큼의 결과가 나타나지 않는가에 대한 의문이 들었기 때문이다. 시험가이드 역시 그런 고민의 연장선에서 개발한 학습법이다.

메가스터디학원에서 마지막으로 맡았던 반은 자연계열 중위권으로, 재수를 하기 전 수능 평균 등급이 국어 4, 수학 4.5, 영어 4등급이었다. 보통 이런 중위권 반은 성적이 가장 많이 오른다는 기숙학원조차 성균관대 1~2명 보내는 수준에서 끝나는 경우가 많다. 하지만 케어하고 있는 수험생들에게 시험가이드를 강요한 결과는 상상할 수 없을 정도로 놀라웠다.

메가스터디 전체 학원을 통틀어 내가 케어한 반이 모의고사 성적향상률 전체 1등을 3번이나 하는 기염을 토했던 것이다. 강남 메가스터디, 서초메가스터디 등 메가스터디에서 내노라하는 상위권 수험생들까지 포함한 결과라 더욱 의미가 있었다. 전체 1등을, 그것도 연속해서 3번이나 받기가 쉬울 것 같은가? 학원에서 수십 년을 근무해도 1번 받을까 말까 한 성적표다.

그럼 이 친구들의 대입 결과는 어땠을까?

31명의 결과는 다음과 같다. 서울대 자유전공 1명(이 친구는 무려 6수생이었다), 연세대 2명(의예과, 건축공학. 건축공학에 합격한 이 친구는

3수생이었다. 아버지가 메가스터디에서 꽤나 유명한 강사인데, 그 학원에서 재수를 하다가 결국 성적이 안 나와 3수를 선택한 것이다), 고려대 2명(이과대학, 사회기반시스템공학), 제주대 의예과 1명, 강원대 수의예과 1명, 공군사관학교 1명(정책), 성균관대 4명(공학계열 3명, 전자정보통신 1명), 한양대 2명(전기생체, 전자공학), 서울시립대 1명(토목공학), 경희대 2명(수학과, 전자전파), 인하대 2명(항공조선, 수학통계), 아주대 1명(기계공학), 건국대 3명(산업섬유, 항공우주, 토목공학), 홍익대 2명(정보컴퓨터, 전자공학), 한국항공대 2명(항공우주기계, 전기전자), 서울과학기술대 2명, 부산대 1명(사회환경시스템), 경북대 1명(자유전공) 순이었다.

　　매번 비슷한 수능 성적대의 수험생들을 받아 똑같이 노력했는데 이런 말도 안 되는 결과가 나온 비결은 뒤에서 살펴보겠다. 그렇다면 K는 어떤 대학에 합격했는지 궁금한가? 바로 뒤에 이어서 나온다. K는 고려대 이과대학에 합격했다.

> 고려대 간 K

시험가이드 공부법으로
시험전략을 공부하다

시험가이드 공부법이 탄생하기까지 3년이라는 시간이 걸렸다. 시행착오를 상당히 많이 겪었던 것이다. 시험가이드 공부법을 연구하게 된 계기는 재밌는 통계를 하나 발견해서다. 모의고사 기준으로 2등급부터 4등급까지는 실력 차이가 아니라 그날의 운발 차이라는 통계였다.

무슨 말인고 하면, 중위권 학생들의 성적 데이터를 분석하다 보니 4월 모의고사 2등급→5월 모의고사 4등급→6월 모의고사 3등급, 이런 식으로 성적 변동의 폭이 상당하다는 사실을 확인한 것이다. 이런 학생들을 모아 설문조사도 하고 개인별 상담을 통해 구체적인 원인을 분석해봤다. 결론은? 운발이었다.

2등급을 받은 날은 컨디션이 좋아 찍었던 문제 중에 정답이 많았지만, 4등급을 받은 날은 시간도 부족하고 설상가상으로 컨디션도 좋지 않아 찍었던 문제 중에 정답이 그다지 많지 않았다는 것이다. 2등급과 4등급을 비교하면 넘을 수 없는 벽 같은 느낌을 받겠지만 실제로는 큰 차이가 없다. 특히 수능 난도가 쉬운 물수능의 경우는 더하다. 1문제 차이로 2등급, 3등급, 4등급이 결정되기도 하니까. 이 말은 곧 문제 하나를 찍어서 맞든 풀어서 맞든 상관없이 1문제만 더 맞는다면, 4등급이 3등급이 될 수 있고 또는 2등급이 될 수도 있다는 것이다.

여기에 착안해서 시험가이드 공부법을 개발했다. 시험가이드 공부법에 대해 설명하겠다. 다음의 파워포인트 이미지를 참고하자. 실제 수험생들에게 시험가이드 작성법을 교육할 때 사용하는 자료다.

시험가이드(Test Guide)는 왜 필요한가? 1번이 뭔가?
사람은 (   )에 지배받는 동물 → 시험 성적도 (   )에 따라 차이가 발생한다.

Test Guide는 왜 필요한가?

1. 사람은 (   )에 지배받는 동물
   → 시험성적도 (   )에 따라 차이가 발생한다.

2. 계획이 有子
   → 심리적 부담 ↓+ 급당황 ↓+ 낚이는 것 ↓

3. 계획이 無子
   → 심리적 부담 ▲+ 급당황 ▲+ 낚이는 것 ▲

4. 평소 생각해 왔던 본인의 문제점을 (   )으로
   개선하고자 않으면 → 점수 향상은 제자리걸음

정답은 무얼까? 바로 계획이다. 사람은 계획에 지배받는 동물이다. 따라서 시험 성적도 계획이 있고 없고에 따라 성적 차이가 발생한다. 2번과 3번에는 계획이 있을 때와 없을 때의 차이점을 설명해놓았다.

계획이 있으면 심리적 부담이 줄어든다. 그러면 돌발상황에 급당황하는 경우(수험생들 용어로 '멘붕'이라고 한다) 멘붕을 줄일 수가 있는 것이다. 반대는 돌발상황에 처하면 어떻게 대처해야 할지 계획이 없기 때문에 급당황하는 경우가 많고, 이는 멘붕으로 이어지며, 결국에는 시험 성적 하락으로 연결된다.

4번이 중요한데, 평소 생각해왔던 본인의 문제점을 (계획적으로) 개선하지 않으면 점수 향상은 제자리걸음이라고 강조했다.

시험가이드는 매뉴얼이라고 표현할 수 있겠다. 필자는 한때 삼성그룹의 삼성전기㈜ 설계 파트에서 근무했는데, 현장에서는 항상 작업을 시작하기 전에 다들 모여 '안전 좋아!' '안전 좋아!' '안전 좋아!'라고 한다. 어찌 보면 약간은 우스꽝스러운 행동을 하는 것이다. 하지만 그 우스꽝스러운 행동이 산업재해를 예방하는 데 큰 도움이 된다는 설명을 듣고는 감탄을 했다. 심리학적으로도 무슨 일을 하기 전에 내가 반드시 해야 하거나 또는 조심해야 할 행동을 3번 반복해서 외치면 실제로 그런 행동을 하게끔 노력하게 된다는 것이다.

시험가이드는 공부시간만큼은 1등급이지만 현실은 4~5등급에 머무르는 수험생들을 위해 개발한 방법이다. 왜 이런 현상이 나타나는지 이유를 분석해보니, 결론은 시험을 풀어나가는 기술이 없어서였다.

비유를 들겠다. 정수기에 공부시간이라는 물은 1등급이든 4등급이든 똑같이 100리터가 차 있다. 1등급은 100점이라는 양만큼 뽑아져 나온다. 하지만 4등급은 70점이라는 양만큼만 뽑아져 나온다.

뭐가 문제일 것 같은가? 공부시간이 문제인가? 공부시간은 1등급이나 4등급이나 따지고 보면 큰 차이가 없다. 그럼 뭐가 문제일 것 같은가? 정수기에서 물이 빠져나오는 통로에 무슨 문제가 있지 않을까? 맞다, 그것이 바로 시험을 풀어나가는 기술이다.

다시 K 군에게 돌아가 보자. K 군이 기나긴 공부시간에 비해 4~5등급이라는 고정적인 모의고사 등급을 받게 된 가장 근본적인 원인은 시간부족에 있었다. 시간에 관계없이 풀면 1등급이나 2등급에 가까운 성적이 나온다. 하지만 80분, 100분, 70분, 이런 식으로 시험시간이 정해져 있다 보니 항상 시간이 부족하더라는 것이다. 시험 종료 몇 분을 놔두고 풀어보지도 못한 문제가 항상 4~5개 정도 되는 데다, 시간이 없으니 그저 찍을 수밖에. 그러다 보니 항상 꾸준한 모의고사 등급이 나오게 된 것이다.

더 안타까운 사실은 그렇게 찍었던 문제 중에 시간적 여유가 있었다면 4~5개 중 3개 이상은 풀어서 맞힐 수 있는 정답이라는 데 있었다. 그런데 냅다 찍어버렸으니 정답율이 항상 20퍼센트 이하를 밑돌았던 것이다.

그렇다면 해결방법은 아주 간단하다. 시험을 볼 때 시간이 부족한 이유를 찾아 고쳐주면 1~2등급을 받게 되는 것이니 말이다. K 군과 같이 시험시간이 부족한 친구들의 특징은 크게 2가지로 압축된다.

첫째, 얍샵하지 못하다

둘째, 선택과 집중을 못 한다

'첫째, 얍샵하지 못하다'에 대한 이야기를 해보자. 우선 여러분이 시험지를 받았다고 상상해보자. 필자가 질문한다. '어떻게 풀어나갈 건가요?'

이 질문에 대다수 학생들은 당황해한다. 생각해본 적이 없기 때문이다. K 군처럼 시험시간이 부족한 친구들의 공통적인 원인 중 하나는 바로 '1번부터 순서대로 풀어나간다'에 있다.

'얍샵하지 못하다'라고 한 것도 이런 맥락이다. 참 재미있다. 대한민국 헌법에 '모든 학생들은 시험지를 받으면 풀리든 풀리지 않든 1번부터 순서대로 풀어나가야 한다'라는 조항이 있는 것도 아닌데, 대부분의 학생들은 1번부터 순서대로 푼다.

그 이유를 물어보면 대답 또한 걸작이다. '앞에 있는 문제일수록 쉽고 뒤에 있는 문제일수록 어렵기 때문에, 앞에서부터 순서대로 풀어나간다'는 대답이다.

아마 이 책을 읽고 있는 여러분도 결코 다르지는 않을 것이다. 수험생들이 오해하고 있는 것 중 하나가 바로 '앞에 있는 문제일수록 쉽고 뒤에 있는 문제일수록 어렵다'는 것이다. 틀린 말도 아니지만 그렇다고 맞는 말도 아니다.

수학을 예로 들어보자. 모의고사는 30문제 기준으로 출제된다. 1~4번은 암산으로도 풀리는 문제다. 아주 쉽다. 28, 29, 30번은 고난도 문제다. 이것만 봐서는 맞는 말이다. 하지만 중간을 잘 살펴보자. 13, 14, 15번 정도에서 고난도 문제가 1~2개 출제된다. 그리고 20번대 초반에서도 고난도 문제가 1~2개 출제된다. 바로 이것이 K군 같은 유형의 친구들에게 시험시간이 부족했던 이유다.

예전에 수능 출제위원으로 참가했던 교사를 만나 이런저런 이야기를 나누다가, 왜 그런지를 물었던 적이 있다. 그때 그 교사는 웃으면서 '난이도를 조절하기 위해서'라고 답했다.

"응? 무슨 말인지 잘 모르겠는데요?"

"성인도 30분 이상 집중하기가 어렵습니다. 아무리 집중력이 뛰어나다고 해도 30분이 지나면 한 번 흔들리게 되지요. 바로 그 점을 노리는 겁니다. 쉽게 잘 풀리다가 갑자기 안 풀리는 문제가 나타나면 어떻게 하겠어요? 대부분 쿨하게 넘어가지 못해요. 어떻게든 풀어보려고 하죠. 하지만 잘 풀리지가 않아요. 왜냐면 30분마다 그런 문제를 배치하거든요. 집중력이 흔들릴 때쯤 돌부리가 튀어나오는 것이죠.

잘 가다가 돌부리에 걸려 넘어졌다고 생각해봐요. 어떻게 합니까? 대부분 '아, 짜증 나. 잘 가고 있는데 갑자기 왜 돌부리?'라면서 발로 툭툭 차고 뒤돌아서 노려보지 않아요? 바로 그런 것과 같아요. 쉬운 문제 위주로 잘 풀어나가다가 갑자기 어려운 문제가 나와도 마찬가지겠죠. 페이스를 흔들리게 하고 시간을 잡아먹게끔 해서 개인별로 점수 차이가 나게 만드는 겁니다."

이 말을 듣고는 뭔가 머리를 치는 듯한 충격을 받았다. 바로 시험지를 꺼내 확인해보니 재미있게도 30분이 지날 때쯤 그런 어려운 문제가 한두 개씩 고개를 내밀고 있었다. K 군도 이런 함정에 빠져서 시간을 허비했던 것이다. '조금만 하면 풀 수 있겠다'는 생각을 하다 보면, 어느 순간 5분 10분이 순식간에 사라져버린다. 그러다 풀면 다행이지만 못 풀기라도 한다면?

풀 문제는 아직 산더미 같은데 갑자기 시간이 부족해진다. 멘붕이 온다. 어떻게 해야 할지 불안한 마음에 집중도 잘 안 된다. 그렇게 우왕좌왕하다 시간이 끝나고 점수도 끝나는 패턴이 무한 반복되는 상황이 벌어진다.

그렇다면 어떻게 해야 할까? 간단하다. 1번부터 순서대로 풀어나가는 것이 아니라 쉬운 것부터 풀어나가는 것이다. 아래는 필자가 《중앙일보》 교육섹션 대입담당기자로 있으면서 K 군과 같은 친구들을 위해 쓴 기사다. 이 기사에도 앞에서 강조한 내용이 들어가 있다.

이재현(단국대 치의예과 1) 씨는 지난해 9월 평가원 모의고사에서 언어 2등급, 수리 4등급, 외국어 2등급의 성적을 받았다가 그해 수능에서는 언어를 제외하고 모두 1등급을 받았다. 그는 9월 성적이 낮았던 이유가 '문제풀이의 우선순위가 없어서'라는 결론을 내렸다. 계획 없이 문제를 풀다 보니 고난도 문제에 막혀 끙끙대다 나머지 문제에 손도 못 댄 것이다.

이 씨는 "모의고사를 볼 때마다 시간이 부족해 5~6문제는 그냥 찍었다"며, "남은 문제 중 풀 수 있는 문제 3~4문제만 다 맞혀도 원점수가 10점 이상 올랐을 것"이라고 아쉬워했다.

그는 수능을 10일가량 앞두고 전략적인 시험풀이 계획을 고민했다. 모의고사로 실전감각을 연습하면서 풀 수 있는 문제는 ○ 표시를 하고, 시간이 많이 걸릴 것 같은 문제는 △, 접근 방법조차 생각나지 않는 문제는 ×로 표기해 ○→△→× 순으로 푸는 훈련을 했다. 그 덕에 수능 당일 자신이 실력으로 풀 수 있는 문제는 다 풀었다. 이후 자신감을 얻어 남은 문제를 차근차근 풀었다. 이 씨는 "10~8일 전부터 파이널 모의고사를 풀면서 자신이 생각한 맞춤형 시험풀이 전략을 계속 연습하면 시행착오를 줄일 수 있다"고 조언했다.

풀 수 있는 문제는 ○ 표시를 하고, 시간이 많이 걸릴 것 같은 문제는 △, 접근 방법조차 생각나지 않는 문제는 ×로 표기한 다음, ○→△→× 순으로 푸는 훈련을 한다면 체감적인 시험시간은 늘어난다.

수학 시험시간이라고 생각해보자. 100분이 주어진다. 1번부터 순서대로 풀어나간다면 100분이 될 수도 있고, 90분이 될 수도 있고, 80분이 될 수도 있다. 반면에 ○→△→× 순으로 한다면 110분이 될 수도 있고, 120분이 될 수도 있고, 130분이 될 수도 있다.

어떻게 해서 이런 결과가 가능할까?

수학은 100분 동안 30문제를 풀어야 한다. 1문제당 3분 33초가 주어진다. 예컨대 30문제 중 내가 풀 수 있는 문제는 15문제라고 가정해보자. 이런 문제들은 푸는 데 얼마나 걸릴까? 3분 33초?

쉬운 문제는 보통 1분에서 2분 30초 내에 풀린다. 못 믿겠다면 초시계 들고 직접 확인해보자. 필자가 수년 동안 임상실험을 통해 확인한 결과라 정확하다. 15문제를 한 문제당 2분 30초 동안 풀었다면, 실제로는 시험시간이 10분 늘어나는 효과를 만들어낸다. 그렇게 확보한 시간을 '시간이 오래 걸릴 것 같은 문제 △'에 투자하면 어떨까? 훨씬 여유로워질 것이다. 참 쉽다.

정말 쉽기는 하다. 하지만 말처럼 쉽다면 대한민국 수험생 모두 1등급을 받고도 남았을 터이다. 그러나 K 군과 같은 유형은 고집이 세다. 자신만의 공부 습관과 문제풀이 습관을 쉽게 바꾸려고 하지 않는다. 바꾸려고 한다 해도 그때뿐이다. 그래서 강제로라도 이런 습관을 바꿔야 할 필요가 있다.

그래서 탄생한 것이 바로 시험가이드였다. 시험가이드의 필요성에 대해 장황하게 설명했으니 이제는 의의에 대해 살펴보겠다. 다시 파워포인트 이미지로 돌아가자.

시험가이드는 한정된 시간이라는 자원을 경쟁 상대와 차별화하여 상대적인 우위를 확보하는 데 의의를 가진다고 설명했다. 수학뿐 아니라 모든 과목은 2~4등급 사이의 실력 차이가 크지 않다.

제3장. 성적은 공부시간순이 아니잖아요

다만 주어진 시간에 대한 전략적 활용 정도의 차이가 등급의 구간을 결정하는 것이다.

파워포인트 이미지의 3월 교육청 등급 커트는 2011학년도 기준이다. 2등급 원점수는 57점, 3등급 원점수는 45점, 4등급 원점수는 36점이었다. 각 등급 사이에 3문제 정도의 차이가 있다는 것이다. 이 말은 3문제씩만 더 맞혀도 1등급씩 올라갔다는 의미다.

본인이 풀 수 있는 문제만 완벽히 다 풀었을 뿐인데 지금보다 1등급씩 성적이 올라간다? 이것이야말로 진정으로 남는 장사다.

왜 진정으로 남는 장사인지는 필자의 임상결과를 살펴보면 절로 동의할 것이다. 바로 아래에 이어지는 시험가이드의 탁월한 결과를 살펴보면 알 수 있다.

진짜 ○→△→× 순으로 풀어나가고자 노력했을 뿐이다. 그런 수능 5등급이 3월 교육청 모의고사에서 1등급을 받고, 원점수가 50점 이상 오르고, 고등학교 이후 사상 최고로 높은 영어 점수를 받고, 수학 4등급이 수학 2등급이 되는 놀라운 결과가 나타난 것이다.

시험가이드는 감정 기복을 제어하고, 이를 통해 심리적 안정에 기여하며, 실력을 왜곡시키는 단점을 개선하기 때문에, 원점수와 시간 관리와 자신감 등에서 상승효과를 불러온다. 이는 필자뿐 아니라 필자의 시험가이드 강의를 들은 제자들이 증언하고 있다.

Test Guide의 탁월한 결과

1. MK반 출신 3월 교육청 모의고사 결과

. 이X호 (문과) : 수능 수학 5등급 → 수학 1등급
. 홍X영 (이과) : 언 1, 수 1, 외 2등급의 쾌거! *원점수 50점 상승*
. 백승X (문과) : 고등학교 이후 *사상 최고로 높은 영어점수 취득*(92점)

2. Test Guide의 장점

가. 시험중간 자투리시간에 불필요한 행동 및 생각을 억제

→ 감정기복 제어 → 심리적 안정에 기여

나. 다음 시험에 대한 시뮬레이션 연습 → 실력을 왜곡시키는 단점을 개선

→ 원점수 + 시간관리 + 자신감 등의 상승효과를 불러옴

그러니 시험가이드 공부법을 잘 터득해서 활용하면 족집게 과외니 개인과외니 하는 단어는 없어질 것이라 믿는다.

아래는 필자가 운영했던 블로그(지금은 폐쇄하고 카페를 운영 중이다. 아이플러스 행복한 11월의 목소리 http://cafe.naver.com/skylovedu)에 올렸던 임상실험 후기다.

김○○은 수리 영역에서 효과를 봤다.

한 문제 잡힌다 싶을 때 딱 시험플랜이 떠올라서 세 번 넘어감.

시험플랜 효과를 많이 봄.

3월 중앙 모의고사 수학 원점수 72점에서 시험플랜 적용 후

한 달만에 10점 상승.

독자들이 헷갈려 할 수 있는데, '시험플랜'은 필자가 개발한 시험가이드 공부법의 초창기 이름이다.

김○○이 말한 '한 문제 잡힌다 싶을 때'의 의미는 앞에서 설명했던 '13, 14, 15번 정도에서 고난도 문제가 1~2개 출제된다. 그리고 20번대 초반에서도 고난도 문제가 1~2개 출제된다'는 내용이다. 즉 돌부리에 걸려 넘어질 뻔했으나 시험가이드를 통해 넘길 수 있었다는 의미다.

현○○ 역시 수학에서 많은 효과를 보고 다음처럼 소감을 밝혔다.

시험플랜이 도움이 되었음.

계산/문제읽기 실수와 자주 나오는 버릇은 아직도 안 고쳐짐.

너무 긴장한 탓인 듯 보이나 다른 플랜에 추가해서 이런 일이

없도록 할 것임.

이쯤 되면 의문이 하나 생길 것이다. '시험가이드는 수학에만

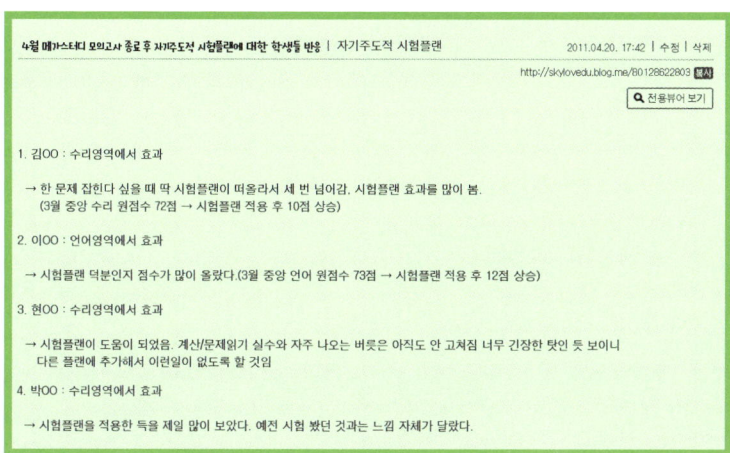

효과가 있는 거 아냐?'

정답은 '아니다'. 모든 과목에서 효과를 볼 수 있는 공부법이 시험가이드다. 이제부터는 만병통치약 같은 느낌으로 다가오는 시험가이드 학습법의 핵심인 시험가이드를 어떻게 만들어야 하는지 살펴보겠다.

다음은 시험가이드 양식이다. A4 용지를 기준으로 양면으로 제작해서 쓰면 된다.

시험가이드를 제작하는 방법은 간단하다. 우선 이미지처럼 워드프로그램을 이용해 표를 짠다. 그리고 양면으로 인쇄한다.

이 정도만 설명하면 대부분 '아, 그렇구나!' 하고 넘어갈 것이다. 그러면 안 된다.

(   )의 시험가이드

국어			수학		
키워드	무엇을	어떻게	키워드	무엇을	어떻게

영어			탐구		
키워드	무엇을	어떻게	키워드	무엇을	어떻게

필자는 시험가이드 용지를 제작해서 나눠 줄 때 절대 일반 용지를 사용하지 않았다. 뭔 말인가 하니, 일반적인 하얀 색상의 용

지를 쓰지 않았다는 것이다. 대신 연두색 색상지를 사용했다.

왜 눈에 띄는 연두색을 사용했는지, 그 이유는 간단하다. 바로 심리적인 안정을 위해서다. 시험가이드는 평소 공부할 때뿐 아니라 모의고사 당일에도 사용해야 한다. 모의고사 날에는 아무래도 심리적인 부담이 있게 마련이다. 그 심리적인 부담감을 조금이나마 해소하기 위해서 연두색 색상지를 사용한 것이다.

연두색은 심리적으로 스트레스를 해소하고 정신적으로 평화를 가져다주는 효과가 있다. 일반 A4용지와는 달리 눈에 피로도 덜하다. 처음에는 촌스럽게 연두색이냐며 다들 기피했지만, 한번 효과를 보고 나더니 그런 말이 쏙 들어가 버렸다.

연두색 색상지에 인쇄를 한 후, 영역별로 '키워드' '무엇을' '어떻게'라고 적힌 칸에다 내용을 채우면 된다.

'키워드'에는 본인 실력에 비해 모의고사 성적이 낮은 이유를 하나의 키워드로 담는다. 예컨대 '긴장' '앞 시험 결과에 연연' '대충 읽기' '빈칸추론' '어려운 지문' '찍기' '실수'와 같은 식으로 선정하는 것이다.

키워드를 선정했다면 구체적으로 뭐가 문제인지를 써본다. 예컨대 키워드가 '앞 시험 연연'이다. 왜 이런 키워드를 선정했는지 이유를 쓰면 된다. '수학을 못 봤을 때 괜한 걱정을 함. 혹여나 영어까지 망치면 어떻게 하나 잡생각을 함'이라고 적으면 된다.

'어떻게'는 말 그대로 어떻게 고쳐나갈지 구체적인 방법을 적는 것이다. 예컨대 수학을 못 보면 '다른 사람들도 못 봤겠지' '수학은 수학이고 영어는 영어라고 생각함' 이런 식으로 쓰는 것이다. 감이 잘 안 온다면 뒤에 이어지는 시험가이드 샘플을 참고한다.

이렇게 만든 시험가이드는 시험이 시작되기 전 휴식 시간에 활용하면 된다. 예컨대 다음 시간에는 수학시험을 치러야 한다. 그러면 쉬는 시간에 시험가이드에 있는 수학편을 읽어보면서 시험을 준비하는 것이다.

원리는 아주 간단하다. 쓰고 읽고 그렇게 하도록 다짐하면 된다. 그저 시험 직전에 '내 고질적인 문제점은 어려운 문제에 2~3분 이상 소비하는 것이다. 풀 수 있다고 생각하는 문제를 오랫동안 붙잡고 있다가 결국 못 풀기 때문이다. 그래서 항상 시간이 부족하고, 풀어서 맞힐 수 있는 문제를 놓치는 경우도 많다. 따라서 어렵다고 느끼는 문제가 나올 때는 30초 동안 고민하고, 그래도 풀이법이 생각나지 않으면 미련 없이 무조건 넘어간다'라며, 시험 직전에 '이럴 때는 어떻게 하고 저럴 때는 어떻게 하겠다'라고 마음의 다짐을 하는 것이다. 그러면 실제로도 그렇게 시험을 치를 수 있다.

계속 기회가 있을 때마다 강조하지만, 비법이라고 하여 이 세상에서 처음 보거나 아니면 뭔가 보기에 그럴듯해 보이는 비법은 없다. 비법은 비법 같지 않고 우리 곁에 너무 가까이 있어서 비법이라고 인식하지 못할 뿐이다.

파랑새를 찾아 떠나는 것과 비슷하다. 행운의 파랑새를 찾기 위해 여기저기 떠돌다가 결국 자기 집에 있는 새가 파랑새라는 사실을 알게 된다는 내용처럼, 공부를 잘하는 비법도 사실은 멀지 않은 곳에 있다.

시험가이드를 만들었으니 끝이라고 생각하면 오산이다. 시험가이드의 핵심은 시험가이드를 만드는 것이 아니라 시험가이드를 적용하는 것이다.

모의고사를 치를 때마다 시험가이드를 보면서 연습을 하다 보면 어떤 결과가 생길까? 시험을 풀면서 고득점을 방해하는 여러 가지 요인이 하나둘씩 사라지게 된다. 바로 조금씩 변화가 생긴다는 뜻이다.

그렇다면 어떻게 해야 할까? 시험가이드에도 변화가 생겨야 한다. 예컨대 '숫자 6과 숫자 5를 날려서 쓰다 보니 6인지 5인지 구분이 힘들어 계산 실수가 많았다'라는 단점이 있다고 하자. 실제로도 이런 경우가 많다.

그래서 시험가이드 '무엇을' 항목에 '숫자 6과 숫자 5를 날려서 쓰다 보니 계산 실수가 많았다'라고 적었다. '어떻게' 항목에는 '조급하더라도 숫자 6과 5를 정자로 또박또박 쓰자'라고 적었다.

국 어		
키워드	무엇을	어떻게
긴장	첫 시험인 국어를 잘 못 봐서 다른 과목도 망칠까 봐 걱정이다. 어떡하지	국어는 원래 다른 과목에 비해 자신이 없으니까, 국어를 망친다는 생각을 버리고 끝까지 포기하지 않고 문제를 푼다
사전지식 활용	사전지식을 알고 있는 문제가 나왔을 때 대충 읽고 문제를 푼다	아는 것이 나왔다고 자만하지 말고 평소처럼 읽는다. 단지 이해하기가 더 빠를 뿐이다
어려운 지문	과학, 사회처럼 어려운 지문이 나왔을 때 시간을 너무 많이 투자한다	처음 읽을 때 키워드나 중심소재에 밑줄이 쳐져 있으니까, 문제를 다 못 풀더라도 시간적 여유가 생겨서 다시 풀 때는 밑줄 친 것으로 선지의 타당성을 선별해가면서 문제를 푼다
찍기	시간이 촉박한데 오답인 선지를 지우고 2~3개 애매한 선지가 남았을 때	번호 수가 적은 것으로 찍자. 연속된 번호가 3개 나올 경우 그 선지는 무조건 오답으로 간주한다
실수	아는 작품을 끝까지 정확하게 읽지 않고 어느 정도 파악되면 뒷부분은 대충 읽는다	아는 작품이라도 문제에 따라 요구하는 것이 다르므로 끝까지 읽는다

수 학		
키워드	무엇을	어떻게
긴장	가장 자신 있는 수학시험을 못 보면 어떡하지	내가 어려우면 남들도 어렵다고 생각하고 문제를 푼다. '꼭 100점 맞아야지'라는 생각을 버리고 '1문제 정도야 틀려도 되겠지'라는 생각으로 시험에 임한다
찍기	어려운 문제를 못 풀고 찍을 때 무슨 번호로 찍을 것인지 고민한다	□△☆□△ 법칙으로 찍는다. 연속해서 □번 이상 나오는 답은 무조건 오답이다
어려운 지문	어려운 문제에 2~3분 이상을 소비한다. 풀 수 있다고 생각하는 문제를 오랫동안 붙잡고 결국 못 푼다	어렵다고 느끼는 문제가 나왔을 때 30초 동안 어떻게 풀 것인지 고민하고, 생각이 안 나면 무조건 넘어간다
실수	조건을 잘못 보거나 선지를 잘못 찍는다	중요한 보기나 '단~'으로 된 조건은 옆에 따로 강조한다

영 어		
키워드	무엇을	어떻게
앞 시험 연연	수학을 못 봤을 때 괜한 걱정을 한다. 혹여나 영어까지 망치면 어떻게 하나 잡생각을 한다	수학을 못 보면 '다른 사람들도 못 봤겠지'라고 합리화한다. '수학은 수학이고 영어는 영어'라고 생각한다
대충 읽기	주제나 요지 같은 앞 문제는 첫문장과 마지막 문장만 읽고 중심은 안 읽고 풀려는 습관	종종 주제나 요지가 불확실한 경우 시간을 더 소비하게 되니 아예 다 읽는다. 이때 첫문장과 마지막 문장은 정확히 읽고 중심은 속독을 한다
빈칸추론 문제	빈칸추론 문제에서 2점짜리 문제라도 틀릴까 봐 너무 시간을 많이 소비한다. 선지 2개가 모두 맞다고 생각한다	답이 정확히 나오는 문제는 확실히 넘어간다. 답이 안 나오는 문제는 오답인 보기를 지우고 넘어가 나중에 풀 때 남은 선지들로만 푼다

탐 구		
키워드	무엇을	어떻게
ㄱ,ㄴ,ㄷ 문제	ㄴ 또는 ㄷ에서 자주 막힌다	계산 문제인 경우 그 선지의 값이 옳다고 생각한 후 직접 그 값을 대입해 반대로 올라간다. 지식형 문제인 경우 마지막까지 남겨둔 후 찍는다
계산 문제	계산이 너무 복잡하다고 생각해 문제를 넘어가지만, 나중에 시간이 부족해 결국 찍게 된다	1~3페이지 문제인 경우 4페이지 계산 문제보다 간단하므로 먼저 해결한다. ㄱ, ㄴ, ㄷ 문제인 경우 그 선지의 값을 직접 대입해 반대로 올라간다
4페이지 문제	고난도 문제가 속해 있는 4페이지 문제를 시간 내에 다 못 푼다	4페이지 문제에 연연하지 말고 1~3페이지까지 전부 확실하게 푼 다음에 4페이지 문제를 푼다

그러고는 모의고사를 치를 때마다 개선하기 위해 노력했더니 어느 순간 더 이상 이런 실수를 하지 않게 되었다. 그렇다면 시험가이드에도 더 이상 이런 내용을 담을 필요가 없어진다.

이처럼 시험가이드는 매번 피드백을 담아야 한다. 더 이상 필요 없는 내용은 버리고 새롭게 해결해야 할 내용은 담아서 새로운 버전을 만들어야 하는 것이다.

나는 모의고사를 치를 때마다 시험가이드를 새롭게 개정하라고 강제한다. 권유하는 것도 아니다. 강제로 시킨다. 그러나 이미 시험가이드의 효과에 푹 빠진 수험생들은 시키지 않아도 알아서 한다. 그렇다면 구분은 어떻게 하는 것일까? 쉽게 버전1, 버전2로 나가도 되고, 3월, 4월, 5월 등 월별로 나가도 된다. 본인의 상황에 맞게 적용하면 되는 것이다.

다음은 필자가 《중앙일보》 교육섹션 기자로 있을 당시 시험설계도에 관해 보도한 기사 내용이다. 이 좋은 방법을 알려야 되겠는데, 개발한 사람이 전면에 나설 수 없으니 부득이하게 내가 케어하던 수험생들을 등장시켜 이야기를 푼 것이다. 이 기사를 보고 권기상 학생은 EBS 〈공부의 왕도〉에 출연했다. 찬찬히 읽어보면 시험가이드를 적용할 때 많은 도움을 받을 것이다.

2012년 6월 10일 《중앙일보》 기사

성적 역전 이끈 시험문제풀이 설계도

6월 한국교육과정평가원 수능 모의고사가 끝났다. 시험결과에 따라 부족한 영역을 보완할 대비책을 세울 때다. 수능시험이 쉬워지면서 실수를 줄이는 것이 성적을 올리는 지름길이라고 입시전문가들은 입을 모은다. 이를 위해 권기상·김태하 씨는 시험풀이 설계도를 만들었다. 부족한 점이 무엇이고 어떻게 보완할지 분석했다.

수리 3점부터 풀고 2점, 4점 순 전략 생겨

"정말 열심히 공부했다고 생각했습니다. 하지만 모의고사 성적은 기대치에 못 미치더군요. 그 이유를 곰곰이 고민해봤죠." 권기상(19, 고려대 이과대학 1) 씨는 의과대학 진학을 목표로 고3을 보냈다. 하지만 재수를 선택했다. 수능 성적이 기대에 못 미쳤기 때문이다. 책상에 앉으면 몇 시간씩 공부에 집중했다. 하지만 모의고사 성적은 별반 차이가 없었다. "시험을 치르고 후회만 했지 후회되는 부분을 고치려고 노력하지 않았다"는 결론에 도달했다.
4월부터 시험이 끝날 때마다 영역별로 시험에 대한 총평을 정리했다. 모의고사를 준비하면서 아쉬웠던 점부터 적었다. 예컨대 자습시간에 졸았던 일, 자투리 시간에 불필요한 이동이 많았던 일, 잡념으로 공부에 전념하지 못했던 일 등이다. 시험시간에 느꼈던 점도 정리했다. 특히 시험을 풀면서 실수가 많았던 점을 세세히 분석했다.

항상 실수를 줄여보려 했지만 쉽게 바뀌지 않는 부분을 정리해 모의고사를 대비하기 위한 실전지침으로 만들었다. 그 지침을 연습장에 단계별로 작성했다. 시간이 부족했던 수리 영역에선 문제풀이 순서도 연습했다. 문항은 2점짜리부터 3점, 4점 순으로 풀었다. 이어 3점 문제와 주관식 문제를 푼 다음 2점과 4점 문제를 풀었다. 자신에게 맞는 문제풀이 방법을 모의고사마다 연습했다.

그 결과 가장 좋은 성적을 만들어내는 풀이 방법을 찾아냈다. 3점부터 먼저 푼 다음 2점, 4점 순으로 푸는 방식이다. 실수의 원인도 찾았다. 모르고 지나친 잦은 계산 실수 부분을 발견했다. 그 부분에서 눈으로 풀던 습관도 버렸다. 작고 쉬운 계산이라도 직접 손으로 풀어야 한다고 시험풀이 설계도에 적었다.

시험풀이 설계도는 특히 쉬는 시간에 유용했다. "쉬는 시간에 시험문제를 풀면서 고쳐야 할 습관과 시험풀이 방법을 계속해서 연습했어요. 처음부터 완벽하게 고쳐지거나 바뀌지는 않았지만 계속해서 노력하니 점수 향상으로 이어지더군요."

이런 노력 끝에 권 씨는 재수 전 수능 등급이 평균 4등급에서 이듬해엔 수학·과학탐구 각 1등급을, 언어·외국어는 2등급을 받았다. 그는 "학습량은 건물을 올릴 수 있는 자원일 뿐, 이 자원을 효율적으로 활용하는, 즉 자신의 실력을 100퍼센트 발휘할 수 있는 전략을 마련하는 것이 시험풀이 설계도"라고 강조했다.

시험 때마다 보완하여 습관 될 때까지 반복

"시험을 볼 때마다 당황하면 제 실력을 발휘하지 못했습니다. 이 점이 아쉬워서 방법을 찾았죠."

김태하(19, 성균관대 전기전자컴퓨터공학부 1) 씨는 재수를 선택하면서 실패 이유를 생각해봤다. 그중 한 가지가 문제를 풀어나갈 때 자신의 주관이 없다는 점이다. 시간이 항상 부족했고 어려운 문제만 나오면 당황해 망치기 일쑤였다.

이를 보완하기 위해 만든 해결책이 시험가이드다. 자신만의 시험풀이 방법을 안내한다는 의미로 이름을 붙였다. 시험가이드를 만든 방법은 간단했다. A4 크기의 종이 한 장을 준비한 다음 반을 접었다. 양면으로 총 4개의 공간이 생기면 공간마다 언어·수리·외국어·탐구 시험에서 어떻게 시험을 풀어나갈지 구체적으로 적었다.

예컨대 언어는 듣기에서 쓰기·비문학·문학 순으로 풀어나 간다고 정했다. 듣기에선 풀고 남은 자투리 시간에 다른 문제를 풀지 말자고 다짐했다. 자신의 취약점인 조급함만 부채질 했기 때문이다. 하지만 쉽게 고쳐지지 않았다. 실제 김 씨가 보여준 시험가이드는 빨간펜으로 O와 X가 항목마다 쳐져 있다. "시험시간 동안 이렇게 하겠다고 다짐했지만 실제로는 힘들더군요. 아마도 예전의 습관이 편하기 때문이겠죠."

김 씨는 시험마다 시험가이드를 새로 만들었다. 시험이 끝난 후 각 항목별로 평가를 해, 지켜지지 않으면 그 이유를 찾고 다음번 시험가이드에 반복해서 적었다. 습관이 될 때까지 반복했다. 예컨대 '수리 영역에서는 모르는 문제가 나오면 5분 이상 끌지 말고 과감히 넘어가자' '조건을 꼼꼼히 보자' '쉬는 시간에 물 먹지 말자'와 같은 내용을 담아, 자투리 시간에 읽어보면서 마음을 다잡았다.

구체적인 시간계획도 잡았다. 수학에선 11시 30분까지 객관식 2, 3점과 주관식 2, 3, 4점을 풀겠다고 계획했다. 간식에 대한 계획도 담았다. 김 씨는 "과학탐구 시간이 되면 마지막이라는 생각에 긴장이 풀리고 지쳐 3교시 쉬는 시간마다 에너지 음료를 챙겨먹었다"고 설명했다. 또 "열심히 공부하지만 성적으로 나타나지 않는다면 여러 원인 중 실제 시험을 준비하고 풀어가는 자신의 습관에 어떤 문제가 있는지 고민해봐야 한다"고 말하면서, "모의고사를 푸는 습관을 고쳐보니 별다른 노력 없이도 원점수 20~30점이 상승했다"고 덧붙였다.

제4장

학습계획 귀찮아!
공부할 시간도
없는데

> ## 학습계획 꼼꼼히 짠 H,
> ## 학습계획 귀찮아한 Y

그 결과는?

"과연 학습계획은 필요한가요?"

이 질문에 대한 필자의 대답은 두말할 필요 없이 "필요하다"이다. 중위권 학생들에게 이렇게 대답하면 누군가는 또다시 이렇게 묻는다.

"학습계획은 상위권 학생에게 필요한 것 아닌가요? 중위권 학생에게 강요해봐야 귀찮아하고, 오히려 계획을 세우고 지켜야 한다는 스트레스 때문에 공부가 더 안 될 텐데요?"

맞는 말이다. 일반적으로 학습계획은 상위권 학생들의 전유물

로만 여겨져왔다. 중위권이나 하위권 학생들은 위와 같은 이유로 흐지부지되는 경우가 적지 않다.

하지만 중위권 학생일수록 더더욱 학습계획이 필요하다. 열심히 공부하지만 성적이 안 오르는 학생들의 공통점 중 하나가 바로 학습계획의 유무이다.

중위권 학생들을 만나 학습계획을 점검해보면 크게 3가지 유형으로 분류된다. 첫째는 학습계획이 아예 없거나, 둘째는 있어도 있으나 마나 한 수준이거나, 셋째는 주간단위 학습계획이 없거나 또는 학습계획이 있다고 하는 학생들 중 반 이상은 있어도 있으나 마나 한 수준인 경우다.

예컨대 '선생님 전 오늘 인터넷 수능국어 2강 풀고, 수학 기출 문제 30개 풀고, 영어단어 30개 외우고, 탐구는 인터넷강의로 1강 정도 볼 계획입니다'라는 정도다. 분명 학습계획은 있지만 치명적인 문제점도 있다. 바로 'How'가 없다는 것이다.

어떤 과목을 공부하겠다는 계획은 있지만, 구체적으로 언제 어떻게 공부하겠다는 실천방법이 없다. 이런 식으로 학습계획을 짜는 학생들치고 부지런한 학생은 없다.

선조들께서 하신 명언 가운데 '서 있으면 앉고 싶고, 앉으면 눕고 싶고, 누우면 자고 싶다'란 말이 있다. 사람의 게으름을 잘 설명해주는 말이다.

어떤 계획을 세우고 그 계획을 구체적으로 어떻게 실천하겠다는 방법이 있어도 실천하기가 어려운데, 말뿐인 거창한 계획이라면 있으나 마나 한 것이다. 또 한 가지 문제점은 '오늘 이것만 하면 된다'는 생각 때문에 시간을 비효율적으로 쓰게 된다는 것이다.

앞에서 이야기한 대로 오늘 안에 인터넷 수능국어 2강 풀고, 수학 기출문제 30개 풀고, 영어단어 30개 외우고, 탐구는 인터넷강의로 1강을 보면 되는 것이다.

여러분에게는 2가지 선택권이 있다. 하나는 오늘 계획을 가장 우선적으로 처리한 후 논다. 또 하나는 오늘 안에만 하면 되니까 우선 놀다가 최대한 나중에 한다. 아마 대부분 후자에 속할 것이다. 따라서 학습계획이 중요하다.

여기 두 명의 재수생이 있다. 한 명은 학습계획을 아주 모범적으로 꼼꼼히 짜는 H라는 학생이고, 또 하나는 게으르고 놀기 좋아해서 학습계획 짜기를 싫어하는 Y라는 학생이다. 결론이야 〈개미와 베짱이〉의 우화와 같다.

H라는 학생은 개미처럼 성실하게 매일 학습계획을 세우고 실천해서 성균관대에 합격을 했고, Y는 연고대까지 갈 만한 잠재력이 있는 친구임에도 학습계획을 소홀히 해서 인하대에 진학했

다. 학습계획의 유무가 이들에게 어떤 나비효과를 가져왔는지 살펴보자.

> **성균관대 H와
> 인하대 Y**

그들을 구분 지은 건
학습계획의 유무

우선 H의 이야기부터 하겠다. H가 재수를 하기 전의 수능 성적은 국어 5등급, 수학 5등급, 영어 4등급, 탐구 3등급이었다. 나는 매일같이 학습계획서를 작성하도록 했다.

처음 학생들을 만나면 3~4시간 정도는 학습계획의 중요성, 학습계획의 구체적인 작성방법, 학습계획의 효과 등에 대해 시간을 할애할 정도로 중요하게 여긴다. H에게도 마찬가지였다.

학습계획의 중요성은 앞에서 이야기했으므로 넘어가고, 학습계획의 구체적인 작성방법에 대한 강의를 진행하겠다. 일단 학습계획서의 양식부터 보도록 하자. 다음은 필자가 추천하는 학습계획서 양식이다.

크게 시간, 과목, 학습계획, 결과, 오늘의 반성 등으로 항목을 나누었다. '시간'은 공부할 시간을 말한다. '과목'은 그 시간에 어떤 과목을 공부할 건지 적는 곳이고, '학습계획'은 그 시간에 어떤 과목을 얼마만큼의 분량으로 공부를 하겠다는 것을 적는 곳이다.

내가 강조하는 팁 중 하나는 바로 학습계획의 분량이다. 중위권 학생들에게 학습계획을 쓰라고 하면 '인터넷 수능특강' 또는 '인터넷 수강특강 제1장'과 같은 식으로 구체적이지 못한 경우가 많다. 나는 항상 구체적인 페이지를 쓰라고 강조한다. 누군가는 '몇 장 또는 몇 단원이나 페이지나 결국에는 같은 분량이 아니냐'라는 의문이 들 것이다. 그러나 답은 '아니다'.

예를 하나 들겠다. 해외여행을 간다고 가정하자. '인터넷 수능특강' 또는 '인터넷 수능특강 제1장'과 같은 학습계획은 체크리스트에 그저 '짐 챙기기'라고 적어둔 것에 지나지 않는다. 이럴 경우 제아무리 똑똑하고 머리가 명석하다고 해도 빼먹는 물건이 하나둘 나온다. 나중에 여행을 가서 후회하는 경우가 생기는 것이다. 반면에 '인터넷 수능특강 10~15쪽 풀기'처럼 구체적으로 쓴 학습계획

필자가 추천하는 학습계획서 양식

시간	과목	학습계획	결과	
			피드백	보충계획

과목	자습시간	오늘의 반성
국어		
영어		
수학		
탐구		

은 체크리스트에 챙겨야 할 구체적인 물품이 적혀 있는 것과 같다. 체크리스트에 챙겨야 할 물품이 구체적으로 적혀 있으면 필요한 물건을 빼먹는 일은 절대로 없을 것이다.

바로 이런 차이다. 두루뭉술한 학습계획은 결과도 두루뭉술할 수밖에 없다. 하지만 해야 할 분량이 구체적이면 결과도 구체적으로 나온다.

또 하나의 장점은 피드백을 통해 주간완전학습이 가능하다는 것이다. 계획을 세우다 보면 뜻하지 않게 실천하지 못하는 경우가 생긴다. 이런 경우가 생기면 대부분의 학생들은 그걸로 끝내면서 '다음에 하면 되지'라고 생각한다. 앞에서도 이야기하지 않았던가? '서 있으면 앉고 싶고, 앉으면 눕고 싶고, 누우면 자고 싶다'라고 말이다.

공부하는 학생들에게 가장 위험한 유혹 중 하나는 '다음에 하면 되지'라는 말이다. '다음에 언제 할 건데?'라고 물으면 구체적인 계획표를 내놓지 못한다. 다음에 한다는 것은 결국 안 하겠다는 말과 같기 때문이다. 혹여 다음에 하는 경우가 있을 수도 있다. 하지만 앞에서처럼 학습계획이 구체적이지 못하면 내가 어디서부터 다시 해야 하는지 혼란스러워지는 경우가 생긴다. 하지만 학습계획이 페이지 단위로 구체적이면 '저번에는 13쪽까지만 풀었지? 원래 계획은 15쪽까지니까 14~15쪽을 이어서 풀어주면 되겠다'와 같은 식으로 해야 할 공부의 범위가 명확해진다. 시간낭비를 줄이고 효율적인 공부가 가능해진다.

결과는 피드백과 보충계획으로 나뉘어 있다. 피드백은 계획대로 실천했는지의 여부를 따지는 항목이다.

아침 9시부터 10시까지 지난해 수능 국어 기출문제 45개를 풀겠다는 계획을 세웠다고 하자. 계획대로 완료했다면 공란으로 놔두든가 아니면 본인만의 표시(OK, V, O 등)를 하면 되는 것이고, 아니라면 해야 할 분량이 얼마나 되는지를 구체적으로 적은 다음 구체적으로 언제, 어떻게 공부하겠다는 보충계획을 수립하는 것이다.

아침 9시부터 10시까지 지난해 수능 국어 기출문제 45개 중 35개만 풀었을 경우에는 피드백에 '35번까지'라고 표시한 후, 보충계획에 '토요일 18:00~18:30'이라는 방식으로 구체적인 보충계획을 잡는 것이다.

나는 토요일이나 일요일 중 4시간 정도는 실천하지 못한 계획을 마무리할 수 있는 '보충데이'로 남겨두라고 권한다. 그래야 자신이 세운 계획을 100퍼센트 달성할 수 있는 주간완전학습이 가능해지기 때문이다. 다음은 필자가 샘플로 제시하는 학습계획서이다. 한번 살펴보도록 하자.

학습계획표 하단에 있는 과목별 자습시간을 기록하는 항목과 오늘의 반성 항목을 먼저 보자.

과목별 자습시간은 문자 그대로 '나는 오늘 과목별로 얼마나

필자가 추천하는 학습계획표 샘플 – 월요일

시간	과목	학습계획	결과	
			피드백	보충계획
8:00~9:00	수학	인터넷 수능특강 10~15쪽	13쪽까지	토요일 18:00~18:30
9:00~10:00	국어	정규수업		
10:00~10:10	자투리	휴식		
10:10~11:00	수학	정규수업		
11:00~11:10	자투리	수학 2문제 풀기		
11:10~12:00	영어	정규수업		
12:00~12:30	점심시간	점심 먹고 산책		
12:30~12:50	영어듣기	○○○ 영어듣기 교재 5강		
13:00~13:50	사회탐구	정규수업		
13:50~14:00	자투리	영어단어 5개 외우기		
14:00~14:50	사회탐구	정규수업		
14:50~15:00	자투리	영어단어 5개 외우기		
15:00~16:00	자율학습	복습		
16:00~16:10	자투리	영어단어 5개 외우기		
16:10~18:00	자율학습2	2015학년도 수능 수학문제 풀기	20번까지	토요일 18:30~20:00
18:00~18:30	저녁식사	저녁 먹고 운동		
18:30~19:00	숙제	숙제하기		
19:00~21:00	자율학습3	국어/ 수능특강 15~25쪽 풀고, 오답노트		
21:00~22:00	귀가	귀가 후 샤워		
22:00~23:00	자유시간	자유시간		
23:00~23:30	반성 및 계획	오늘 반성 및 내일 계획 구상		
24:00~18:00	취침			
과목	자습시간	오늘의 반성		
국어				
영어				
수학				
탐구				

공부를 했는지' 시간을 적는 것이다. 별것 아닌 것 같지만 아주 중요한 항목이다. 이런 데이터가 주간과 월간 단위로 쌓이면 내가 하고 있는 공부의 방향성을 분석할 수 있는 기회를 제공한다. 특히 양적으로 공부하는 시간은 많은데 성적이 그다지 좋지 못한 경우에는, 이런 기록을 통해 자기 자신의 공부 패턴을 파악하고 반성하고 대책을 세울 수 있는 계기가 되기도 한다.

예컨대 국어 성적은 좋은데 수학 성적이 나쁜 학생이 있다고 하자. 이 학생은 수학공부에 많은 시간을 투자하고 있다고 생각한다. 하지만 실제 데이터를 내보니 100시간 중 국어공부에 50시간, 수학공부에 20시간을 쓰고 있었다. 자신의 생각과는 다르게 수학공부에 많은 시간을 투자하지 않았던 셈이다. 그렇다면 어떻게 해야겠는가? 국어 시간을 줄이고 수학 시간을 좀 더 늘리는 방향으로 공부의 방향성을 잡아야 하지 않을까? 만약 이런 데이터가 없었다면 이 학생은 계속해서 착각 속에 빠져 있을 것이고, 나중에는 열심히 공부했는데도 성적이 안 나오더라는 이야기를 하게 되는 것이다.

오늘의 반성은 말 그대로 반성이다. 오늘 세웠던 학습계획표대로 완벽하게 실천했다면 자신에게 칭찬을, 아니라면 잘하자는 격려를 하면 된다.

자, 여기까지 읽어본 학부모와 수험생이라면 이런 질문이 나올 법도 하다.

'학습계획을 완벽하게 실천하기 위해서는 어떻게 해야 하는가?'

학습계획을 100퍼센트 실천했다는 것에는 2가지 측면이 있다. 하나는 100퍼센트 실천이 가능한 학습계획을 세웠다는 것이고, 다른 하나는 100퍼센트 실천이 불가능하지만 이를 악물고 공부해서 계획을 달성했다는 것이다. 학습계획을 처음 세우는 경우라면 한 번쯤 의문이 생길 법하다.

필자는 '학습계획은 120퍼센트 정도로 약간 무리하게 세우라'고 조언을 한다. 내가 하루에 100분 정도 공부할 수 있을 것 같다면 120분 정도 분량으로 계획을 잡으라는 것이다. 실제로 학습계획을 세우고 공부를 하다 보면 생각보다 계획이 빨리 마무리되는 신기한 경험도 적지 않게 한다. 생각보다 빨리 끝났다는 것은 자신이 할 수 있는 100퍼센트가 아닌 70~80퍼센트 정도의 계획을 세웠다는 의미다. 따라서 120퍼센트 정도로 세우면 실제로는 90~100퍼센트 정도가 되는 것이다.

다음은 필자가 추천하는 토요일자 학습계획표 샘플이다. 앞에서도 이야기했지만 토요일이나 일요일 중에 하루는 실천하지 못한 계획을 마무리할 수 있는 '보충데이'를 위해 4시간 정도 남겨두라고 했다. 토요일 샘플에 있는 피드백 1부터 5까지가 바로 '보충데이'에 해당한다.

필자가 추천하는 학습계획표 샘플 – 토요일

시간	과목	학습계획	결과	
			피드백	보충계획
8:00~12:00	학원수업	학원수업		
12:00~13:00	점심식사			
13:00~17:00	영화관	영화시청 및 친구들과 놀기		
17:00~18:00	저녁식사	정규수업		
18:00~18:30	피드백1	국어/ 수능특강 14~15쪽		
18:30~20:00	피드백2	2015학년도 수능 수학문제 21~30번/ 오답노트		
20:00~21:00	피드백3	영어/ 수능특강 빈칸추론 10문제		
21:00~22:00	피드백4	수학/ 수능특강 25~30쪽 풀기		
22:00~23:00	피드백5	생활과윤리 모의고사 풀기		
과목	자습시간	오늘의 반성		
국어				
영어				
수학				
탐구				

여기까지는 학습계획표 1단계라고 할 수 있다. 하겠다는 의지만 있으면 누구나 1단계는 어렵지 않게 할 수 있다. 어느 정도 1단계가 정착됐다면 이제는 2단계로 발전해야 한다. H는 학습계획표 작성뿐 아니라 필자가 말하고자 하는 2단계도 충실히 따라 했다. 이 2단계에 필요한 것은 다음의 서식이다.

필자가 추천하는 학습계획표 2단계 서식

과목	핵심내용

학습계획서 2단계 서식은 아주 간단하다. 과목과 핵심내용의 두 항목으로 나뉘어 있다. 참고로 학습계획표는 1단계와 2단계 서식 모두 A4 사이즈로 출력해 인쇄하는 것이 좋다.

시중에 나와 있는 학습계획표(스터디플래너)는 화려한 디자인과 콤팩트한 사이즈를 자랑하는 것이 대다수다. 하지만 사이즈가 작다는 것은 담을 수 있는 내용이 제한된다는 뜻이다. 학습계획표는 오늘 어떤 공부를 할지에 대한 계획뿐 아니라, 오늘 공부를 하면서 정리한 핵심개념 또는 문제는 무엇인지를 함께 정리할 수 있어야 파괴력이 커진다. 필자가 제안하는 학습계획표의 형식은 뒷장에 나오는 표 2개가 세트라 할 수 있다.

A4 용지 2장에 하루분의 학습계획표를 구성한다.

2단계 서식에는 무슨 내용을 담아야 할까? 오늘 공부하면서 정리했던 핵심개념 또는 문제를 적는 것이다.

예컨대 오늘 사회문화 공부를 했다고 하자. 선생님이 사회문화의 여러 단원 중 '대중매체'라는 단원이 매년 출제되는 중요한 단원이며, 그중에서도 대중매체의 순기능과 역기능은 어떤 방식으로든 출제에 활용되니 순기능과 역기능은 다 외워야 한다고 강조했다 그럼 2단계 서식에 대중매체의 순기능과 역기능을 한 장에 정리를 한 후 '선생님이 매년 수능에서 어떤 방식으로든 출제에 활용된다고 했으니 중요하다. 따라서 외워라'라고 빨간펜으로 별도의 표기

시간	과목	학습계획	결과	
			피드백	보충계획

과목	자습시간	오늘의 반성
국어		
영어		
수학		
탐구		

과목	핵심내용

를 하자.

이런 내용이 2단계 서식에서 차곡차곡 모이면? 2단계 서식은 결국 핵심내용 집합소가 되는 것이다.

모의고사 시험을 앞두면서 정리를 하거나 파이널 시기에 총정리 마무리 학습을 할 때 요긴하게 활용할 수 있다. 조금 귀찮기는 하겠지만 공부는 귀찮아야 남들보다 잘할 수 있는 것이다. 명심하자!

제5장

단권화가
뭐예요?

> ## 서울대 간 S

수능시험장에 들고 간 것은?
노트 한 권

내가 맡은 수험생들은 수능시험장에 노트 한 권만 가지고 들어간다. 무슨 뚱딴지같은 소리인가? 그게 가능한가? 나는 이렇게 대답한다.

"가능하다!"

나는 연초부터 관리하는 수험생들을 만나면 필자만의 독특한 방법으로 공부를 하라고 시킨다. 필자가 붙인 이름은 '단권화 공부법'. 공부법에 조금이라도 관심이 있는 부모들치고 '단권화' 한

번 들어보지 못한 경우는 없을 것이다. 말 그대로 '하나로 단일화 한다'는 의미다. 무엇을? 자신이 공부하는 문제집을 하나로 단일화한다.

서울대 자율전공학부에 진학한 S는 무려 6수생이었다. 지방의 과학고를 졸업한 수재였지만, 6년간 계속되는 수험생활에 지칠 만큼 지쳐 있었다. 자, 여기서 퀴즈. 과학고를 졸업한 수재로 6년 동안 수험생활을 계속하고 있으니 어렵게 공부할 필요가 있다, 없다?

과학고에 6년이라는 준비 기간이 포함되어 있으므로, 정답은 바로 '어렵게 공부할 필요가 없다'.

필자가 S를 처음 만났을 때도 '과학고 출신이니 기본 머리는 있을 텐데 6수까지 할 필요가 있을까?' 하는 의문을 가졌다. 아마 이 책을 읽고 있는 여러분도 동일한 의문을 가졌을 것이다.

실제로 S는 과학고 출신에 6번이나 수험생활을 경험한 고참답게 어려움 없이 공부를 해나갔다. 모의고사 성적도 곧잘 나왔다. 하지만 지켜보면 지켜볼수록 거대한 구멍이 하나 보였다. 바로 '정리가 안 된다'는 것이다.

예를 하나 들겠다. 투수가 있다고 하자. 글로브는 사물함에, 모자는 대기실에, 유니폼 상의는 경기장 필드에, 선글라스는 3루 쪽에 벗어놓았다. 갑자기 실전 등판을 하게 되었다. 등판을 하기 위해서는 유니폼 완전 복장을 갖춰야 한다. 유니폼을 갖춰 입기 위해

사물함, 대기실, 경기장 필드, 3루를 한 번씩 다 들려야 하는 번거로운 상황이다.

S도 이와 비슷한 상황이었다. A참고서를 한 번 다 풀었다. 그리고는 다 풀었다고 처박아 둔다. 그리고 B문제집을 풀다가 갑자기 특정 문제에 대한 문제풀이 공식을 까먹었다. 그 문제풀이 공식은 A참고서에 필기돼 있다. 그 문제풀이 공식 하나 때문에 어딘가에 처박아 둔 A참고서를 꺼내서 어딘가에 있을 그 문제풀이 공식을 찾아야 한다. 이 얼마나 번거로운 일인가?

공부할 분량이 그다지 많지 않은 초창기라면 뭐, 큰 불편 없이 찾을 수도 있다. 하지만 시간이 지나면 지날수록 공부할 분량은 늘어나고, 그와 비례해서 내가 풀어본 참고서와 개념서도 더 늘어난다. 갑자기 뭔가 기억나지 않을 때마다 '어디서 봤는데… 어떤 문제집이었지?'라면서 이 책 저 책 뒤적거리는 사태가 수시로 발생하게 된다.

10월이었다. 내가 맡고 있는 수험생들의 참고서와 개념서 같은 수험서적의 평균 숫자를 세어보니, 4개 영역을 합쳐서 40권이 넘었다. 자신이 풀었거나 또는 풀어본 문제집이 1개 영역당 10권 정도 있는 것이다.

비단 이런 불편함 때문에 단권화를 시키는 것은 아니다. 단권화가 되어야 가면 갈수록 공부할 분량을 줄일 수 있기 때문이다.

일반적인 수험생의 경우, 시간이 가면 갈수록 공부할 분량이 늘어난다. 하지만 필자가 제안하는 단권화 공부법의 경우에는 시간이 가면 갈수록 여유로운 수험생활이 가능해진다. S가 서울대를 간 단권화 공부법의 실체를 공개하겠다.

> ## 단권화 공부법

시험이 다가올수록
공부할 분량은 줄여야 한다

단권화 공부법은 크게 2가지 방법론으로 구성된다. 하나는 '모으기', 다른 하나는 '줄이기'이다.

우선 '모으기'에 대한 설명부터 한다. 모으기는 중앙집권체제라고 생각하면 쉽다. 예컨대 국어공부를 한다고 가정하자. S가 수험생활 중에 국어공부를 위해 활용한 교재는 다음에 나오는 표와 같다.

국어만 해도 수험서가 11종 이상이다. 이 중에는 수업시간에 교재로 사용하는 수험서도 있을 것이고, 자습시간에 취약단원을

순번	교재명
1	수능특강
2	인터넷 수능화법과 작문 & 독서와 문법
3	인터넷 수능문학
4	수능완성
5	기출문제집 독서
6	기출문제집 화법 · 작문 · 문법
7	기출문제집 문학
8	EBS분석노트
9	한글사전
10	16종 문학총정리
11	수능 고전시가

보충하거나 실력향상용으로 사용하는 교재도 있을 것이다.

수업시간에 쓰는 교재에는 수업 중에 들었던 중요한 내용이나 풀이방법 등에 대한 필기가 담길 것이다. 반면 보충용 교재에는 본인이 풀다가 중요하다고 생각한 문제를 표시하고, 개념이 부족해서 틀린 문제는 개념서를 찾아보면서 새롭게 알게 된 핵심개념 등을 간략하게 적어놓는 등 각종 표시를 하게 된다. 문제는 이런 내용이 여기저기에 분산되어 있다 보니 효율적이지 못하다는

데 있다.

예컨대 A교재는 수업시간에 사용하는 교재이다. 그런데 교사가 수업 중에 시간이 부족해서 다음과 같은 이야기를 했다고 하자.

"A단원은 수능에서 매년 1문제씩 출제되는 단원이다. 이 단원에서도 B, C, D 소단원에서만 출제가 된다. 따라서 B, C, D 소단원 진도를 나가야 하지만, 시간이 부족하기 때문에 B단원만 나갈 것이다. 그러니 C와 D단원은 여러분이 스스로 자습시간에 풀어보길 바란다."

공부에 대한 의욕이 불타는 수험생이라면 당연히 'C와 D단원 반드시 풀기!'라고 적어놓을 것이다. 하지만 사람은 망각의 동물이다. 이렇게 적어놓았지만 해야 할 다른 것이 많기 때문에 놓치기 일쑤다. A교재로 계속 공부를 한다면 모르겠지만 교재는 바뀌기 마련이다. A교재 역시 한 달 뒤에는 B교재로 바뀌게 된다.

이럴 경우에는 어떤 일이 벌어질까? '눈에서 멀어지면 마음에서도 멀어진다'라는 말이 있지 않은가? A교재가 끝나고 B교재로 수업이 시작되면, A교재는 자연스레 만나는 빈도가 줄게 된다. '나중에 한번씩 읽어보면서 하면 되잖아?'라는 볼멘소리를 할 수도 있겠다. 물론 그럴 수도 있다. 하지만 말처럼 쉽지는 않다. 지금 풀어보는 문제집도 아니고 예전에 한 번 풀어본 문제집인데, 나중에 한 번 본다 해도 얼마나 꼼꼼히 보겠나? 그래서 모으는 절차가 필요한 것이다.

크게 2가지 방법이 있다. 하나는 단권화의 주력이 될 참고서를 정해서 사용하는 것이고, 다른 하나는 단권화 노트를 만드는 것이다.

전자의 방법부터 살펴보겠다. 문제집별로 출판사는 달라도 같은 것이 하나 있다. 바로 단원이 같다는 점이다. 따라서 단권화의 주력이 될 참고서를 먼저 정하는 것이 필요하다.

예컨대 인터넷 수능을 국어 단권화 교재로 선정했다고 하자. 그러면 그 교재에 반드시 확인해야 할 내용이나 단원, 중요한 개념이나 풀이법 등을 몰아준다.

수능특강을 수업교재로 사용하고 있다면 인터넷 수능의 해당 단원에 복습한다는 생각으로 자신이 필기했던 내용, 수업 중에 중요하다고 강조되었던 내용이나 핵심개념, 시간이 없어서 넘어갔지만 반드시 확인해야 할 단원이나 문제유형 등에 대한 내용을 포스트잇으로 써서 붙이거나 A4 용지에 정리해서 날개로 붙여 한 권으로 업데이트하는 것이다. 이렇게만 정리하면 인터넷 수능 한 권만 보아도 이 한 권에 '모든 것이 다 있게 되는 것'이다. 10월 이후 파이널 시기 마무리를 할 때 아주 요긴하게 사용할 수 있다.

단권화 노트는 말 그대로 노트 한 권에 해당 단원을 적고, 자신이 필기했던 내용, 수업 중에 중요하다고 강조되었던 내용이나 핵심개념, 시간이 없어서 넘어가지만 반드시 확인해야 할 단원이나 문제유형 등을 기록하는 것이다. 번거롭게 생각할 수 있겠지만 복습이라고 생각하고 정리하면 손해 볼 것이 없다.

모으기에 대한 이야기가 끝났으니, 단권화 공부법의 가장 핵심이라 할 수 있는 '줄이기'에 대한 이야기를 하겠다. 필자가 중위권 학생들을 성적 상승의 롤모델로 만들어주는 핵심기술 중 하나이므로 눈을 부릅뜨고 읽어야 한다.

2월부터 수험생활을 한다고 가정하자. 그럼 수능이 있는 11월까지 10개월 동안 수십 권 교재를 보면서 공부를 하게 된다. 그런데 문제는 '문제를 풀었다는 기억'만 있다는 것이다. 특히 중위권 학생들의 경우에는 더더욱.

중위권 학생들의 공통적인 특징 중 하나는 공부했다는 티를 팍팍 내는 것이다. 예컨대 문제집에 바로 풀고 채점까지 해놓은 것이 대표적이다. 뭐라고 한 소리를 하면 돌아오는 대답은 '왜요? 이렇게 하면 안 되나요?'이다. 나는 다시 한 번 말한다. '네, 그렇게 하면 안 됩니다.'

왜냐하면 문제집은 한 번만 풀고 끝내는 것이 아니기 때문이다. 특히 EBS연계교재는 말이다. 최상위권 학생이라도 EBS연계교재 한 권을 다 풀었을 때 100점을 받는 경우는 드물다. 그렇다면 중위권 학생은 더할 터이다.

실력향상의 지름길은 '내가 문제집을 풀었다'가 중요한 것이 아니라, '내가 문제집을 풀었는데 실력으로 푼 문제는 몇 개, 실수로 틀린 문제는 몇 개, 개념을 몰라서 틀린 문제는 몇 개, 아예 손도 못 대는 문제는 몇 개'에 대한 데이터가 나오는 것이다.

앞에서 시험이 다가올수록 공부할 분량을 줄여야 한다고 말했다. 어떻게 이런 일이 가능할까? 금방 앞에서 말한 것처럼 문제를 푼 다음에 분류하면 가능하다.

문제집을 풀 때면 크게 4가지 상황이 벌어진다. 첫째는 내가 알아서 맞힌 문제, 둘째는 정답이지만 찍어서 맞힌 문제 또는 실수로 틀렸지만 실제로는 맞힐 수 있는 문제, 셋째는 개념이 부족해 틀린 문제, 넷째는 아예 손도 못 대는 문제이다.

보통 이렇게 설명하면 셋째를 어려워하게 마련이다. 하지만 첫째, 둘째, 넷째를 제외한 오답은 셋째라고 생각하면 된다. 문제를 풀고 나서 위와 같은 기준으로 문제를 분류하면 다음번에 문제를 풀 때 시간이 확 줄어드는 장점이 있다. 내가 알아서 맞힌 문제는 다음번에 풀어도 맞힐 확률이 높다.

예컨대 빈칸추론 30문제를 풀었다고 하자. 이 중에서 첫째의 내가 알아서 맞춘 문제가 15개, 둘째의 정답이지만 찍어서 맞춘 문제가 5개, 셋째의 개념이 부족해서 틀린 문제가 5개, 넷째의 아예 손도 못 댄 문제가 5문제였다고 가정한다. 그렇다면 다음에 풀 때는 내가 알아서 맞힌 문제 15개를 제외한 15문제만 풀면 되는 것이다. 왜냐하면 그 15문제를 정복해야 내 영어 실력이 늘어날 테니 말이다.

나는 이 같은 방식을 '싸가지 방법'이라고 명명했다. '4가지 방법'이니 사 가지, 즉 '싸가지'가 되는 것이다. 싸가지 있게 공부를 하면 시간을 지배하는 수험생이 될 수 있다. 다음의 표를 살펴보자. 싸가지 방법을 활용하려면 싸가지 항목별로 해당하는 기호가 필요한데, 그 기호를 정리해놓은 것이다.

정답일 경우에는 표시를 할 필요가 없다. 하지만 오답이면 3가지 기호로 구분한다.

첫째 △ 표시는 '정답이지만 찍어서 맞힌 문제'일 경우에 표시

정답(다시 풀어도 안 틀리는 문제)	표시 없음
오답 - 정답인데 찍어서 맞힌 경우 - 틀렸지만 실제로는 맞힐 수 있는 문제	△
개념부족	□
아예 모르는 문제	☆

한다. □ 표시는 '개념이 부족해 틀린 문제'이고, ☆ 표시는 '아예 손도 못 댄 문제'일 경우에 표시한다.

싸가지 방법을 사용하기 위해서는 문제집에 답을 적어놓거나 채점을 해서는 안 된다. 여기저기 빨간펜으로 채점이 되어 있고 답이 적혀 있으면 다시 풀고 싶은 마음이 생길까? 절대 생기지 않는다.

실력상승을 위해서는 새로운 문제를 많이 푸는 것도 중요하지만, 틀렸던 문제를 다시 틀려서는 안 되는 것도 중요하다. 하지만 지금까지 만나본 중위권 학생들은 이런 가장 기본적인 진리조차 모르는 채 출판사 매출 증대에만 큰 기여를 했으니, 필자 입장에서는 그저 팔짝 뛸 지경이었다.

이렇게 싸가지 방법으로 정리를 해놓을 때 좋은 점 또 하나는 '나의 장점과 단점이 무엇인지를 구체적으로 판단할 수 있다'는 것이다. 즉 어디가 아파서 성적이 안 나오는지 그 근원적인 원인을 파악할 수 있게 된다.

다음의 표는 내가 연간회원으로 관리하는 수험생이 싸가지 방법으로 수능완성 사회문화 문제집을 풀었을 때의 실제 현황이다.

총 20개 단원 중 ☆표가 유독 많은 단원이 보일 것이다. '문화변동과 한국문화의 다양성' 단원은 8개 문제 중 4문제가 오답인데,

싸가지 방법으로 풀어본 수능완성 사회문화 오답현황

단원명	△	□	☆	문제 수
사회문화현상의 이해		2		10
사회문화현상연구방법		1	1	8
자료수집방법		3		8
사회문화현상 탐구태도와 윤리			1	8
인간의 사회화		2		8
인간과 사회구조		1		8
사회집단과 사회조직		2	1	10
문화의 이해	3		1	8
현대사회의 다양한 문화양상		2		8
문화변동과 한국문화의 다양성			4	8
사회불평등 현상의 이해		1		8
사회이동과 계층구조		2	1	8
사회 불평등의 여러 형태와 해결방안	2		2	10
사회복지와 복지제도	1	2		8
사회제도의미와 가족제도		1	1	8
교육제도와 종교제도	1	1	1	8
대중매체				8
사회변동과 근내화	1	3	1	10
사회변동과 사회문제		2	1	8
현대사회의 변동과 대응	1	2		8
합 계	9	27	15	168

그 4문제가 모두 아예 모르는 문제라는 뜻의 ☆표다. 반대로 '대중매체' 단원은 100퍼센트 정답이다.

이 결과를 어떻게 활용할 수 있을까? '대중매체' 단원과 '문화변동과 한국문화의 다양성' 단원을 오늘 2시간 동안 공부하기로 했다고 가정해보자. 이런 결과가 있으면 어디에 시간을 투자하겠는가? 정상적인 경우라면 '문화변동과 한국문화의 다양성' 단원에 2시간 전부를 쏟을 것이다.

이처럼 단권화는 학습계획을 세울 때도 자신의 장점이 뭐고 단점이 뭔지를 데이터로 보여준다. 그 때문에 가면 갈수록 부족한 시간을 효율적으로 사용할 수 있게끔 도와줄 수 있다.

이런 방식으로 모든 문제집을 풀어나갔을 때 10월이 되었다면? 보통 이때는 모의고사를 풀면서 실전감각을 키워나가고 자신이 지금껏 공부해온 과정을 되짚어 나가면서 총정리 복습을 하는 시기라 할 수 있다. 하지만 대부분의 수험생들은 총정리 복습을 어떻게 해야 하는지 모른다. 공부는 참 많이 한 것 같은데 정작 남은 기간에 무엇을 어떻게 해야 할지 감을 못 잡는 것이다.

이때 싸가지 방법으로 정리를 해왔다면? 자신이 처한 환경과 분위기에 따라 공부할 분량과 시간을 조정할 수 있어 좋다.

10월은 학생부종합전형 면접고사와 논술고사 등에 시간을 뺏기게 된다. A라는 수험생이 토요일 오전 10시부터 12시까지 B대학 면접시험에 응시했다고 하자. 오전 시간은 면접 준비로 수능 공부를 할 수 없게 된다. 오후 시간도 끝나고 점심 먹고 집으로 오는 시간이 있기 때문에, 오후 4시까지는 어떻게 할 수가 없다. 그럼 4시 이후부터 수능 공부를 할 수 있겠다. 면접 준비 때문에 한나절이 그냥 공중으로 사라졌다. 집에 와도 공부가 쉽게 손에 잡히지 않는다. 들뜨기 때문이다.

그럴 때 싸가지 방법으로 내용이 정리돼 있다면 '오늘은 국어 수능완성편에서 ☆표 표시된 내용만 다시 한 번 풀어보자' 또는 '오늘은 국어 수능완성편에서 △, □ 표시된 내용만 다시 한 번 풀어보자'와 같은 구체적인 학습범위를 정할 수 있다. 그리고 한 번씩 틀렸던 문제이기 때문에 긴장감의 고삐를 놓지 않을 수 있는 것이다.

'한 번 해병은 영원한 해병'이라고 한다. 그렇다면 한 번 △, □, ☆표 문제는 영원한 △, □, ☆표 문제일까?

아니다. 처음 한 번 풀어서 △ 표시 문제 50개가 나왔다고 하자. △ 표시 문제를 다시 풀어본다면 어떨까? 아마 50문제 중 못 해도 10문제는 틀리지 않을 것이다. 이런 식으로 △, □, ☆ 표시 문제를 2번, 3번 풀다 보면 계속해서 줄게 된다.

그렇게 계속해서 풀다 끝까지 남는 △, □, ☆ 표시 문제만 모아 수능시험장에 가져간다고 생각해보자. 이것이 제대로 된 마무리 전략이 아니고 뭐겠나?

내가 해야 할 공부를 하는 것과 아닌 것은 결과에서 드러나게 마련이다. 과학고 출신에 6수생이라는 타이틀을 가지고도 번번이 불합격의 고배를 마시던 S도 단권화 모으기와 줄이기 방법을 통해서 전 영역 1등급이라는 성적을 거두었다. 그리고 자신이 그토록 원하던 서울대 자율전공학부에 입학했다.

단권화 방법은 중위권뿐만 아니라 상위권 학생들에게도 효율적인 방법이다. 중위권보다는 △, □, ☆ 표시 문제가 훨씬 적을 것이기 때문이다.

수학 1등급의
비밀과
양치기 소년,
그 결과는?

> ## 수학만 공부하던 J

수학 성적은 6등급

J 스치는 바람에~ J 그대 모습 그리며~

가수 이선희의 노래 〈J에게〉의 가사와 필자가 지금 이야기하려는 'J에게'는 공통점이 한 가지 있다. 무얼까? 힌트는 제6장의 제목과 깊은 관련이 있다. 특히나 핵심적인 힌트는 'J 스치는 바람에~'이다.

'스치다'는 '아무런 특징이나 기억 없이 그냥 지나간다'는 뜻이다. 필자가 말하는 'J' 역시 마찬가지다. 아무런 특징이나 기억 없이 수학문제를 지나쳤다는 점이다. 좀 더 쉽게 업계 용어로 설명하면 '양치기를 했다'는 것. 양치기는 말 그대로 양적인 공부만 했다는 것으로, 주로 수학에서 많이 나타나는 공부법이다. 그냥 묻고 따지지도 않고 닥치는 대로 수학문제를 풀어나가는 방식인데, 유독 수학에서 이런 공부법이 많은 이유는 무엇일까?

여러 가지 이유가 있겠지만 필자가 추측하는 이유는 크게 2가지다.

하나는 뒤에서도 언급하겠지만 '수학문제를 1만 개만 풀면 수학 1등급을 받을 수 있다'는 믿음에서다. 이름만 대면 알 만한 유명 입시업체 설명회에 가면 빠지지 않고 들을 수 있는 이야기 또한 이같은 내용이다. 이렇게 했는데도 수학에서 1등급을 받지 못하면 찾아오라고, 자신이 보상하겠다는 설명도 곁들인다. 이런 식의 이야기가 돌고 돌아 와전이 되면서, 이를 맹신하는 수험생들이 생겨난 것이 양치기 공부법으로 연결된 것이라 생각한다.

또 하나는 수학이 암기과목이라는 오해에서다. 보통 수학을 이해와 응용이 필요한 학문으로 이해를 하는데, 일부는 아니라고 하는 것이다. 특히나 시험에 필요한 수학은 문제의 패턴과 공식을 암기하면 고득점에 전혀 지장이 없다고 주장한다. 이를 위해서는 그만큼 많은 패턴의 문제를 풀어봐야 하는데 말이다.

전자의 이유든 아니면 후자의 이유든, 공통적인 핵심은 '수학문제를 많이 풀어야 한다'는 것이다. J 역시 이런 믿음에서 하루 공부시간의 절반 이상을 수학문제풀이에만 매달렸다. 나는 1년 동안

J의 학습계획표를 점검했기 때문에 이를 잘 알고 있다. 하지만 기대와 달리 수학 성적은 그대로였다.

9월 평가원 모의고사 직전에 1만 문제를 돌파했고, 수능시험을 치를 무렵에는 1만3,500여 개의 문제를 풀었다. 2월 말부터 11월 초까지 8개월 약간 더 되는 기간 동안 푼 결과니까, 산술적으로 한 달에 1,680여 문제를 푼 셈이다. 이를 하루 단위로 환산하면 55문제다. 1문제당 3분씩만 잡아도 165분, 곧 하루 3~4시간을 수학문제풀이에만 투자해야 가능한 시간이다.

이런 노력과 정성을 기울였는데도 불구하고 J는 6월 평가원 모의고사 6등급, 9월 평가원 모의고사 5등급, 수능 6등급의 성적을 받았다. 이것도 6월 평가원 모의고사 결과를 보고 수학 가형에서 나형으로(지금으로 치면 수학 B형에서 A형으로) 바꾼 이후의 결과라는 점에서 충격적이다.

J와 상담을 하면서 항상 했던 말은 'J야, 넌 수학공부만 하는 것 같은데 왜 성적은 노력만큼의 결과가 나와주지 않느냐'는 것이었다. 이 질문에 J의 대답은 '선생님, 저도 잘 모르겠어요. 선생님이 도와주세요'였다.

재수까지 한 J는 본인이 원하는 4년제 대학 진학에 실패했고 전문대로 진학해야 했다. 어떻게 보면 아주 억울한 케이스라고 할 수 있다. 그러나 J의 실패를 분석해보면 의외로 답은 간단했다.

여러분은 그 답이 뭐라고 생각하는가? '핑계 없는 무덤이 없다'고 했다. 모든 결과에는 그럴 만한 이유가 있는 것. J도 이유가 있었다. 그 이유의 답은 '편식'이었다.

무슨 말인고 하니, 식사 때마다 밥을 두 그릇씩 먹는 건장한 남자가 있다고 하자. 하지만 항상 반찬은 스팸이라고 하자. 이렇게 매일같이 밥을 먹으면 영양학적으로 어떤 결과가 생길까? 영양학적인 불균형이 생길 것이다.

이를 수학 양치기 공부방법에 대입해보자. '밥을 두 그릇씩 먹었다'는 것은 '매일같이 수학문제 수십 개를 풀었다'는 것이고, '좋아하는 스팸만 먹었다'는 것은 '자신이 좋아하고 자신이 풀기 쉬운 수학문제만 풀었다'는 것이다. 이제 편식의 의미가 확실히 이해가 갈 것이다.

필자가 지금껏 만나온 수험생 중 '수학문제를 1만 개 이상 풀었는데 수학에서 1등급을 받지 못했다'고 주장한 수험생은 100퍼센트가 이와 같은 편식을 했다.

"선생님, 저는 억울해요. 하라는 대로 수학문제 1만 개를 풀었는데, 1등급은 고사하고 성적이 더 떨어졌어요."

"정말 수학문제 1만 개를 풀었어? 어떻게 풀었는지 설명해볼까?"

"매일같이 50문제씩 풀었습니다."

"아니 내가 원하는 대답은 그게 아니고 말이야, 풀었던 1만 문제의 구성을 물어보는 거야."

"예?"

"1만 문제를 단원별로 구분해보라는 의미지. 1만 문제 중 A단원은 몇 문제, B단원은 몇 문제, 뭐 이런 식으로 말이야."

필자가 이 정도까지 이야기하게 되면 대부분은 더 이상 대답을 하지 못한다. 대답을 하더라도 '거기까지는 생각해본 적이 없어요' 정도다.

하지만 여기서 조금만 더 들어가면 문제의 원인은 편식에 있다는 것이 드러난다.

"그래? 그렇다면 네가 수학에서 제일 좋아하고 자신 있는 단원은 어딘지 이야기해봐"

"음, 행렬과 로그, 귀납법이요"

"네가 제일 싫어하는 단원은 무엇이지?"

"음, 지수함수, 수열의 극한, 무한급수라고 생각해요"

"너 수학공부 어떻게 했니? 주로 무슨 단원 위주로 했어?"

"…"

위 대화와 같은 방식으로 항상 끝나게 되는 것이다. 더 이상 할 말이 없기 때문이다. 수학 실력이 향상되기 위해서는 자신이 좋아하고 잘하는 과목을 공부해야 하는가, 아니면 자신이 싫어하고 매번 틀리는 단원을 공부해야 하는가?

정답은 바로 후자다. 수학문제 1만 개의 기적도 결국에는 후자 위주로 풀었을 때를 말한다. 수학문제를 아무리 1만 개, 2만 개씩 풀어도, 정작 해야 할 공부를 안 하고 하지 않아도 될 공부만 한다면 성적은 오르지 않는 것이 정상이다.

결론적으로 양치기 공부법은 어떤 방식으로 적용하느냐 못 하느냐에 따라 효과가 있을 수도, 없을 수도 있다.

그렇다면 양치기 공부법의 효과가 없지는 않은 셈이니, 양치기 공부법의 효과를 얻기 위해서는 어떻게 공부하는 것이 필요할까?

정답은 간단하다. '스크린쿼터제'라고 기억하나? 밀려드는 할리우드 상업영화로부터 한국 영화를 지키기 위해 영화관마다 한국 영화 의무 상영일수를 강제적으로 규정한 제도다. 양치기 공부법의 효과를 배가시키기 위해서도 스크린쿼터제처럼 필자가 이름 붙인 '매쓰쿼터제'를 적용하면 되겠다.

매쓰쿼터제는 말 그대로 수학쿼터제다. 할리우드 상업영화는 내가 좋아하고 자신 있고 덜 풀어도 되는 그런 단원과 유형의 문제라고 하자. 반면 한국영화 의무 상영일수는 내가 하기 싫고 풀기 싫고 보기도 싫은, 하지만 그렇게 해야만 성적이 올라가는 그런 단원과 유형의 문제라고 생각하면 되겠다.

실례를 하나 들도록 하자. A학생이 있다. A학생이 좋아하는 단원은 행렬과 로그와 귀납법이고, 제일 싫어하는 단원은 지수함수, 수열의 극한, 무한급수라고 가정하자.

A는 수학문제 50개를 풀어야 한다. 매쓰쿼터제를 적용하면 25개는 자신이 좋아하는 단원, 나머지 25개는 자신이 싫어하는 단원으로 구분해 문제를 풀어나가면 되겠다. 아주 간단하고 쉬우면서도 가장 확실한 방법이다.

혹시 더 궁금하거나 뭔가 꺼림칙한 기분이 드는 독자가 있는가? 있다면 축하드린다. 성적 상승의 가능성이 보이기 때문이다. 설명 끝이라고 했지만, 스마트한 학부모와 학생이라면 이런 의문이 드는 것이 정상이다.

'내가 싫어하는 단원의 문제를 푼다? 말은 쉽지. 하지만 이런 단원의 문제를 하나 풀기 위해서는 그러지 않을 때의 2~3배에 달하는 시간이 필요한걸. 안 그래도 가뜩이나 시간이 부족한데.'

앞에서 들어준 예시는 말 그대로 예시일 뿐이다. 필자가 연간 회원으로 관리를 하고 있는 양치기 유형의 수험생들에게는 자신의 상황에 맞게끔 조정하라고 권유한다. 5대 5 비율은 권장비율일 뿐이다. 상황에 따라 내가 좋아하는 단원이 7, 싫어하는 단원이 3의 비율이 되도 좋고, 심할 경우는 8과 2의 비율도 좋다. 하지만 시간이 지나면 지날수록 비율은 5대 5에 맞춰줘야 하는 것이다.

또 하나의 의문이 생길 것이다. 가장 좋아하는 단원을 먼저 풀까, 아니면 가장 싫어하는 단원을 먼저 풀까? 닭 먼저? 달걀 먼저?

필자가 제시하는 방법은 좋아하는 단원을 먼저 풀라는 것으로, 그 이유는 간단하다. 싫어하는 유형을 먼저 푼다고 생각해보라. 진도가 잘 나갈까? 그런 이유와 마찬가지다. 양치기 실패의 원인을 살펴보았으니 이제는 성공사례를 살펴보도록 하겠다.

> **1만 문제 풀어도 4등급 받은 U**

수학 1등급 받는
비밀 공부법은?

U 역시 부지런한 친구였다. 양치기 공부법의 주이용자는 J와 U처럼 부지런한 친구가 절대다수다. 부지런하지 않으면 그 많은 문제를 어느 세월에 다 풀겠나? 부지런하기 때문에 더 짠한지도 모르겠다.

U는 재력가 집안이었다. 아버지는 잘나가는 대기업 임원이었고 어머니는 꽤나 높은 공직에 몸을 담고 있었다. 수학에 1억 원 이상 투자했다고 할 정도로 통 크게 밀어주는 집이었다. 어머니의 말을 빌려보면 유명 강사의 과외부터 안 해본 것이 없다고 한다.

제6장. 수학 1등급의 비밀과 양치기 소년, 그 결과는?　　　131

하지만 수능을 포함하여 모의고사 등급은 잘 나오면 4등급, 그것도 5등급에 가까운 4등급이었다. 못 나올 때는 '떨어지는 것에는 날개가 없다'라는 말이 딱 어울리는 친구였다. 그렇다고 수학 공부를 소홀히 하는 것도 아니었다. 하루에 적으면 80개, 많으면 200~300개까지 수학문제를 풀어나갔을 정도였으니.

하지만 6월이 지나고 9월이 지나도 성적은 별 차도가 없었다. 필자도 도와주려고 애를 썼다. 하지만 양치기 공부법을 고집하는 친구들의 공통적인 특징인 그놈의 고집 때문에 별 효과가 없었다. 하지만 시험이 코앞에 다가오자 안 되겠던지 찾아왔다. 그러고는 이렇게 하나 저렇게 하나 성적은 그대로일 것 같은데 속는 셈치고 필자가 하자는 대로 하겠다고 말했다.

내가 가장 처음 내린 처방은 당연히 '양치기 금지'였다. 불안하겠지만 하루에 30문제만 풀자고 했다. 그다음 내린 처방은 평가원, 교육청, 사설 모의고사 시험지를 모두 가져오도록 한 것이었다. 실제 시험에서는 어떻게 풀고 있는지 분석을 하기 위해서다.

원인은 의외로 간단했다. 사실 부지런하고 열심히 공부하는데 성적이 안 나온다는 친구들의 원인을 하나하나 따져보면 원인은 말도 안 되게 간단한 경우가 많다. U의 원인도 마찬가지였는데, 바로 '꼬리가 길다'는 것이었다.

뜬금없이 꼬리가 길다니? 수학문제를 풀다 보면 계산과정이 꼬리에 꼬리를 물고 이어지는 경우가 적지 않다. 시험에서도 마찬가지다. 이 책을 읽고 있는 여러분도 그런 경험 하나씩은 있지 않은가? 문제를 풀어나갈 공간이 부족해 시험지 귀퉁이를 활용해야 했던 경험 말이다.

그 경험의 결과는 어떠했는지 기억이 나는가? 주어진 문제풀이공간을 넘기는 경우는 오답이 발생할 가능성 또한 높은 것이 사실이다. 시험지 귀퉁이에 남는 공간을 활용하기 때문에 글자는 작아지고, 급한 마음에 풀다가 풀리지 않으면 일단 다른 문제로 갔다가 와서는 '어? 내가 이거 어디까지 풀었더라? 여긴가 아님 저긴가?' 하는 경험을 하게 되는 것이다.

U도 마찬가지였다. U의 치명적 문제점은 양치기를 해도 두서없이 한다는 것이었다. 오늘은 연습장, 내일은 A4 용지, 일주일 뒤에는 공책 등등 이것저것 가릴 것 없이 수학문제만 풀어나갔다. 왜 이것이 문제가 되는가 하면, 실전과 전혀 다른 환경에서 연습을 하기 때문이다.

U의 오답 패턴을 분석해보니 어이없이 틀리는 계산 실수가 제법 많았다. 오답의 30~40퍼센트 정도는 안 틀려도 되는 문제였던 것이다. 원인은 바로 문제를 풀어나갈 공간이 부족해 시험지 귀퉁이를 활용해야 했기 때문이다. 왜 이런 결과가 생기는지는 앞에

서 설명을 했다.

그렇다면 어떻게 하면 되는 것일까? 정답은 '실전과 비슷한 환경으로 시험문제를 풀라'는 것이다.

모의고사 수학시험문제를 꺼내서, 각 문제 밑에 있는 풀이공간을 한 번씩 살펴보자. 어떤 공통점이 있는가? 크기가 일정하게 비슷하다는 점을 발견할 것이다. 물론 고난도의 문제는 그만큼 여백도 많이 주어진다.

평소에 연습을 할 때도 실제 시험에서 주어지는 풀이공간 안에서 문제를 다 풀 수 있도록 연습해야 한다. 하지만 이런 생각까지 하는 수험생은 많지 않다. 그저 기계적으로 많은 문제를 풀면 된다고만 생각하는 것이다.

'연습도 실전'이라는 말이 있지 않은가? 연습을 왜 하는가? 실전에서 잘하기 위해 연습하는 것이다. 실전에서 잘하기 위해 연습을 하려면 실제와 똑같은 환경과 조건에서 연습을 해야 한다. 이 말은 수학문제를 풀 때도 실제 시험장에서 주어지는 여백 안에서 풀도록 연습해야 한다는 의미다. 이런 연습이 되어 있지 않으면 풀이과정이 길어지는 문제에서 어이없는 실수를 하게 된다.

그렇다면 어떻게 해야 할까? 수학문제를 풀 때마다 시험지 풀이공간 여백과 비슷한 크기로 연습장을 만들어 풀어나가면 된다.

이런 연습장을 어디서 구하느냐? 크기가 100퍼센트 동일할 필요는 없다. 오히려 약간 작으면 좋다. 시중에서 파는 연습장이나 노트 중에서 찾아보면 비슷한 크기의 노트를 어렵지 않게 구할 수 있다.

처음에는 무척이나 답답할 터이다. 실제 시험에서 풀이공간이 모자란 경우는 숫자를 크게 쓰는 경우가 많기 때문이다. 큼지막하게 숫자를 써서 풀다가 주어진 공간 안에서 문제를 풀려면 답답할 수밖에 없다. 하지만 성적이 답답한 경우보다는 연습할 때 답답한 편이 좋다.

U도 처음에는 무척이나 답답해했다. 문제를 푸는 속도도 느려졌다고 불평했다. 시험이 코앞인데 너무 불안하다고도 했다.

하지만 결과는 좋았다. 실제로 수능에서 1등급을 받았다. 앞에서 이야기한 것처럼 매쓰쿼터제로 자신이 좋아하는 단원과 보충해야 하는 단원의 풀이 개수를 제시한 후, 주어진 공간 안에서 수학 문제를 풀이하는 연습을 시켰더니 계산 실수가 없어졌다. 자신이 실력으로 맞힐 수 있는 모든 문제를 다 풀고, 행운을 부르는 필자의 비법을 사용해 끝까지 풀지 못했던 객관식 3문제를 다 맞혔기 때문에 이런 결과를 얻은 것이었다. U는 그해 정시모집에서 한양대 기계공학과에 합격할 수 있었다.

이 책을 읽고 있는 그대는 J처럼 될 것인가, 아니면 U처럼 될 것인가? U처럼 되기 위해서는 스마트한 양치기 소년이 되도록 하자.

제7장

그대를
탐구왕으로
임명합니다

> **탐구과목 불변의 1등급
> 탐구왕으로 불렸던 F**

국영수는 5등급?

　중위권, 그중에서도 중하위권 성적대의 수험생 가운데 탐구과목 성적만 눈부시게 훌륭한 수험생들을 이르러 '탐구왕'이라고 부른다. 주변에서 어렵지 않게 찾아볼 수 있는 케이스다.

　F 역시 탐구왕이라고 부를 수 있다. 이 친구는 지구과학1과 지구과학2를 선택했는데, 평가원 모의고사, 교육청 모의고사, 사설 모의고사 가릴 것 없이 언제나 1등급 백분위 99점의 훌륭한 성적을 받았다. 탐구 성적으로는 SKY 진학이 가능하지만, 문제는 나머지 국어·영어·수학 등급은 5~6등급을 왔다 갔다 한다는 것이다.

수능에서 국영수는 모두 5등급, 탐구 2개 과목 모두 1등급을 받았다고 가정하자. 제아무리 탐구 성적이 훌륭하다 해도, 국어·영어·수학이 5등급 이하라면 정시모집에서 IN서울은 꿈도 꾸지 못한다. 탐구과목 성적뿐 아니라 다른 과목 성적도 골고루 좋아야 소위 말하는 명문대학 진학이 가능해진다.

이런 탐구왕들은 유독 재수생 집단에서 어렵지 않게 찾아볼 수 있다. 탐구과목 성적만 가지고 갈 수 있는 대학이 몇 없고, 있더라도 자존심이 허락하지 않는 대학이니 결국 재수를 선택할 수밖에 없기 때문이다.

탐구왕들이 재수를 하면 유리할까, 불리할까? 여러분은 어떻게 생각하는가?

정답은 '유리할 수도 또한 불리할 수도 있다'.

탐구공부에 많은 시간을 들일 필요가 없으니 재수를 하면서 국어·수학·영어를 집중 공부한다면 유리할 것이고 그렇지 않다면 불리할 것이기 때문이다. 하지만 필자가 만나본 탐구왕들은 10에 8~9은 재수를 해도 그다지 큰 성과를 얻지 못했다.

공부를 열심히 하지 않았냐고? 그런 이유는 아니다. 오히려 너무 공부를 열심히 해서 이런 결과가 생긴 것이다. 왜 이런 결과가 생기는지 그리고 그 해결책은 무엇인지 뒤에서 살펴보도록 하겠다.

아, 앞서 말한 F 이야기를 깜빡했다. F는 어떻게 됐는지 궁금한 독자도 많을 터이다.

F는 정시모집에서 국민대 기계자동차공학부에 합격했다. 재수를 시작할 때의 국어 5등급, 수학 5등급, 영어 6등급, 과학탐구 1등급의 성적에서 국어 4등급, 수학 4등급, 영어 4등급, 과학탐구 1등급의 성적으로 올랐기 때문이다. 필자는 조금만 더 일찍 F를 만났더라면 어땠을까 하는 생각도 들어서 다소 아쉬웠지만, 본인은 만족해했다.

F는 6월이 지나서 학원에 다니기 시작했다. 그 전에는 혼자서 독재(독학으로 하는 재수공부)를 했는데, 별 진전이 없으니 부모님께서 학원에 보낸 케이스였다. 이쯤 하면 탐구왕의 공통점이 하나 보이게 마련이다. 바로 '고집이 세다'는 점이다.

쌤! 국영수 성적이
안 나와 고민이에요

탐구과목만 잘한다면?
역시 탐구과목이 문제의 근원

9월 평가원 시험이 끝나고 F를 불러서 장시간 상담을 한 적이 있었다. 앞에서도 이야기했지만 국어·영어·수학은 5~6등급에서 벗어나질 못해도, 과학탐구가 흔들림 없는 1등급을 받고 있어서 망정이었다. 만약 수능에서도 이런 성적을 받는다면… 어우, 생각만 해도 끔찍하다. 그래서 F의 문제점을 진단하고 처방을 내려주기 위해 불렀다.

몇 개월 동안 F를 지켜보면서 느꼈던 것은 엉덩이를 붙이고 않아 있는 시간이 많다는 점이다. 한눈팔지 않고 묵묵히 책상에 앉아 공부만 하는 모습이 너무나 대견했다. 학원수업이 없는 일요일에도 아침부터 나와 밤 10시까지 자습을 할 정도였다. 그러니 더 안타까운 마음이 컸다.

처음에는 F의 학습계획을 살펴봤다. 평일 아침 9시부터 저녁 5시까지는 학원에서 수업을 듣고, 5시부터 10시까지는 자습을 한 후, 집에 가서 새벽 1시까지 또 개인공부를 하다가 잠이 드는 일상이었다. 주말은 아침 8시부터 밤 10시까지 학원에서 자율학습을 했다. 이 정도로 열심히 공부를 하는데 왜 이런 결과가 나올까? F도 답답하다고 했다. 이렇게 열심히 공부를 하는데 성적은 변화가 없으니 말이다.

이번에는 자습시간에 무슨 공부를 하나 분석해봤다. 아뿔사, 성적에 변화가 없을 수밖에! 그럴 수밖에 없는 이유를 찾아냈다. 독자 여러분도 짐작을 했는지?

다시 한 번 자습시간으로 돌아가 보자. 평일 자습시간은 학원에서 5시간, 집에서 2시간 정도, 그리고 주말 자습시간은 14시간 정도였다. 일주일 동안 56시간 정도의 자습시간이 확보되는 것이다.

여러분 같으면 시간을 어떻게 배분하겠는가? 탐구과목에 시간을 많이 투자하겠는가, 아니면 내 약점인 국어와 수학과 영어에 더 많이 투자를 하겠는가?

일반적이라면 후자다. 하지만 F는 탐구과목에 더 많은 시간을 투자하고 있었다. 뭐, 그럴 수 있다고 치자. 하지만 놀라지 마시길. 자습시간의 80퍼센트를 탐구과목 공부에 쏟고 있었다.

주말 자습이 압권이었다. 아침 8시에 와서 12시까지 지구과학1을 공부한다. 그리고 점심을 먹고 1시부터 5시까지는 지구과학2를 공부한다. 그리고 저녁을 먹고 10시까지 오전과 오후에 공부했던 지구과학1과 2를 복습한다. 평일에도 틈날 때마다 지구과학 1과 2만 공부했다. 그러니 이런 성적이 나올 수밖에.

이런 결과에 본인도 놀랐다. 다른 과목 공부도 한다고 말이다. 그런데 그 공부라는 것이 그저 학원 강사가 내주는 숙제 정도를 했을 뿐이었다. 숙제만 끝나면 언제나 그렇듯 지구과학공부에 매달린 것인데, 정작 본인은 자신이 이렇게 심각할 줄 몰랐다고 한다.

이런 일이 벌어지는 가장 큰 원인은 바로 학습계획표가 없기 때문이다. 하루 동안 내가 어떤 공부를 얼마나 하는지에 대한 피드백이 없기 때문에 문제를 자각하지 못하는 것이다. 실제로도 중위권~중하위권 학생들은 학습계획표를 활용하는 경우가 상위권 학생들에 비해 눈에 띄게 적다.

학습계획표는 스터디플래너라고도 하는데, 교육업체에서 무료로 증정하기도 해서 마음만 먹으면 어렵지 않게 구할 수 있다.

F는 학습계획이 없는 것도 문제였지만 심리적인 문제도 있었다. 다름 아닌 지구과학에 대한 강박증세였다.

'응? 가장 잘하는 지구과학에서 뜬금없이 무슨 강박증세?'라고 생각할 수도 있겠다. 하지만 F는 '가장 잘하기 때문에 계속해서 잘해야 한다'는 부담을 가지고 있었다. 다른 과목도 다른 과목이지만, 이때껏 1등급을 놓쳐본 적이 없는 지구과학에서 1등급을 놓치기라도 한다면? 마치 하늘이 무너지는 것 같은 충격을 받게 될 것이었다. 자신이 가장 잘하던 과목마저 성적이 떨어진다면 더 이상 공부할 필요를 못 느끼게 되는 터였다.

수능까지는 불과 2달 남짓한 시간만 남았다. 그래도 다행이었다. 아직 2달이라는 시간이 남아 있기 때문이었다. 그날 F의 문제점을 파악하고 처방전을 고민했다. 큰 틀 안에서 탐구과목에 투자하는 시간을 줄이고, 국어·영어·수학에 투자하는 시간을 늘리면 되는 것이었다.

하지만 이런 탐구왕 유형의 문제점은 탐구과목에 투자하는 시간을 줄이면 그 즉시 탐구과목 성적에도 악영향이 미친다는 점이다. 실제로 F 역시 2달 동안 3~4등급을 받기도 했다. 그럴 때마다 불안해했지만 '수능에서 가장 잘하면 된다. 수능에서 가장 잘하기 위한 과정이라고 생각하라'고 조언했다.

필자가 내린 처방은 '첫째, 학습계획서를 쓰라'는 것이었다.

학습계획서는 정석대로라면 아주 구체적으로 작성해야 한다. 아래 예시를 참고하자.

시간	학습계획	결과
8:00 ~ 9:00	인터넷 수능특강 국어(10~15쪽) 문제풀이	완료
9:00 ~ 10:30	인터넷 수능완성 수학 5회분 문제풀이	완료
10:30 ~ 10:40	휴식	
10:40 ~ 12:00	영어단어 30개 외우기(○○교재)	완료
12:00 ~ 13:00	점심식사	
13:00 ~ 14:30	지구과학1 기출문제풀이	완료

어떤가? 어떤 과목의 어떤 교재를 가지고 분량은 얼마 정도로 해서 몇 시간 동안 공부하겠다고 구체적으로 계획을 세워야 한다. 하루를 시작하기 전 20~30분 정도 고민하면서 시간을 분배하는 것이다.

하지만 F에게는 이렇게 구체적으로 요구할 수 없었다. 시간이 너무 촉박하기도 했지만, F와 같은 유형의 학생들은 학습계획을 짜느라 엄청난 스트레스를 받을 수 있기 때문이었다. 따라서 필자는 다음과 같이 어떤 과목을 얼마나 공부할 것인지만 대략적으로 시간대를 짜라고 했다. 그리고 시간표대로 공부를 하라고 했다. 학습계획표를 활용하면 오늘 어떤 과목을 얼마나 공부했는지 파악할 수 있기 때문에, 특정과목으로 공부시간이 편중되는 사태를 예방할 수 있다.

시간	학습계획	결과
8:00 ~ 9:00	국어	
9:00 ~ 10:30	수학	완료
10:30 ~ 10:40	휴식	
10:40 ~ 12:00	영어	완료
12:00 ~ 13:00	점심식사	
13:00 ~ 14:30	지구과학1	완료

둘째로는 국어·영어·수학은 철저히 EBS연계교재와 기출문제 위주로 공부하라고 했다.

수능까지는 2달이 남았다. 이 시점에서 국어·영어·수학을 1등급 받겠다는 것은 실현 불가능한 일이다. 따라서 현실적으로 안정적인 4등급을 목표로 잡았다. 그러기 위해서는 철저히 시험에 나오는 공부만 하는 것이 중요했다. EBS연계교재 위주로 마무리할 수 있도록 컨설팅을 한 이유다.

또한 주말에는 실제 수능시험시간과 동일하게 기출문제를 풀도록 했다. 실제와 동일한 조건 속에서 시험에 대한 감각을 익히고 기출문제를 통해서 평가원 출제유형에 익숙해지도록 하기 위해 아래 시간표대로 연습을 하라고 했다.

대학수학능력시험 시간표

교시	시험시간	시험과목	비고
1	8:40 ～ 10:00 (80분)	국어	완료
2	10:30 ～ 12:10 (100분)	수학	단답형 30퍼센트 포함
3	13:10 ～ 14:20 (70분)	영어	듣기평가 17개 포함
4	14:50 ～ 15:52 (62분)	사회 · 과학 · 직업탐구	완료
5	16:20 ～ 17:00 (40분)	제2외국어 · 한문	

수능이 코앞에 다가올수록 소위 말하는 봉투 모의고사로 실전 마무리 연습을 하는 경우가 적지 않다. 하지만 봉투 모의고사보다는 평가원 기출이나 교육청기출문제(경기도와 서울)를 풀어보는 편

이 좋다.

봉투 모의고사를 풀다가 오히려 더 불안해하는 경우가 많다. 봉투 모의고사는 평가원에서 출제한 문제가 아니다. 사교육업체에서 판매를 목적으로 만들어낸 문제집이다. 따라서 문제의 질적인 측면에서 평가원과 교육청 모의고사를 따라가지 못한다.

실제로 수능 10일을 앞두고 봉투 모의고사로 실전 마무리 연습을 하다가 혼란에 빠진 한 수험생이 찾아온 일도 있었다. 9월 평가원 모의고사 성적보다 봉투 모의고사 성적이 만족스럽지 못해서였는데, 9월과 비교해 원점수상으로 20점 이상 낮게 나온 과목도 있었던 것이다. 시험이 코앞인데 이런 일이 생기다니 불안해질 수밖에 없다. 계속 풀자니 자신감만 떨어질 것 같고, 안 풀자니 모의고사로 실전감각을 끌어올려야 한다는 전문가들의 조언을 무시할 수도 없었단다.

내가 내려준 처방은 모의고사를 풀되 점수를 매기지 말고 틀린 문제만 확인하는 식으로 풀이법을 바꾸라는 것이었다. 봉투 모의고사는 실전감각을 유지하는 연습용에 지나지 않는다. 괜히 연습결과에 기분이 나빠질 필요기 없는 것이다.

셋째, 시험가이드를 작성하도록 했다.

시험가이드는 공부시간만큼은 1등급이지만 현실은 4~5등급에 머무르는 수험생들을 위해 개발한 방법이다. 자세한 내용은 '제3장. 성적은 공부시간순이 아니잖아요'를 참고하면 된다.

넷째, 단권화를 시켰다.

시험가이드와 마찬가지로 단권화에 대한 내용은 '제5장. 단권화가 뭐예요?'를 참고하면 된다. 자녀가 또는 본인이 F와 같다고 생각한다면 필자의 처방을 한번 따라가도록 하자. 후회하지 않을 것이다.

제8장

오답노트 귀찮아요

> ## 수학 5등급 P

수능에서 1등급 받은 사연은?

　P는 '모범적'이라는 단어로 압축해 설명할 수 있는 학생이었다. 아마 상장을 준다면 '공부하는 자세가 항상 모범적이며, 공부도 타의 모범이 될 정도로 열심히 했기에 이 상장을 수여함'이라는 문구가 전혀 이상할 것이 없는 아이였다. 수업시간에는 눈을 부릅뜨고 강사의 설명에 집중을 했고, 자습시간에도 졸거나 하지 않고 엉덩이를 붙이고 앉아 공부를 했다.

　P의 이런 모습을 처음 본 사람이라면 아마도 '아, 이 친구가 이 반에서 가장 성적이 좋을 것 같다'는 오해를 할지도 모른다. 하지만 아쉽게도 P의 성적은 하위권이었다. 특히나 수학에서 말이다.

모의고사만 봤다 하면 5등급에서 벗어나지를 못했다. 왜 이럴까? 고민하다가 찾게 된 해답이 바로 '오답노트'였다. '제6장. 수능 1등급의 비밀과 양치기 소년, 그 결과는?'에서 자세히 설명했듯이, 매일같이 공부하는 양은 많았지만 오로지 공부하는 양만 많았던 것이다.

무슨 말인가 하니, 틀린 문제에 대한 고민이 없었던 것이다. 하지만 P의 입장에서는 억울하다고 할 만하다. 틀린 문제는 한 번씩 봤다는 것이다.

자, 문제는 여기에 있다. 우선 틀린 문제는 한 번만 봐야 하는가? 아니다. '완전히 내 것으로 만들 때까지 풀어야 한다'가 정답이다.

틀린 문제를 어떻게 봤느냐도 중요하다. 수학 성적이 4~5등급인 중위권 학생들은 적지 않은 경우가 답지를 보고 '아하, 그렇구나!' 하고 넘어간다. 그러고는 틀린 문제를 다시 한 번 풀어봤다고 말한다.

여기서 질문을 하나 한다. 고득점을 받기 위해서는 다음 중 무엇이 중요할까?

1. 문제를 많이 풀기

2. 틀린 문제 다시 틀리지 않기

문제의 정답은 '2. 틀린 문제 다시 틀리지 않기'이다. 가장 간결하면서도 핵심적인 고득점 비법이다.

틀린 문제를 다시 틀리지 않기 위해서는 무엇이 중요할까? 그 문제를 다시 여러 번 풀어보는 것이 중요하다. 그러기 위해서는 가장 먼저 오답을 하나로 모아야 한다. 오답을 하나로 모으지 않으면 오답 찾아 삼만 리를 헤매야 하는 상황이 생길 수 있다. 오답노트는 아주 뻔한 이야기 아니냐고? 오답노트 이야기만 하면 아주 뻔한 이야기라 할 수 있다.

하지만 필자는 여기에 오답분석표라는 필자가 개발한 방식을 더해 뻔한 방식을 전혀 뻔하지 않도록 새롭게 정립했다. 공부하는 모습이 아주 모범적이던 P도 오답노트와 오답분석표로 수능에서 수학 1등급을 받게 되었고, 정시모집을 통해 서강대 사회과학계에 진학했다.

오답노트와
오답분석표의 비밀

P 군에게는 오답노트라는 개념 자체가 없었다. 오답노트를 만들기에는 오답이 너무 많았던 탓도 있을 것이다.

오답노트가 필요하고 좋다는 것은 당연히 알고 있었다. 하지만 오답노트를 만들기에는 시간적인 위험부담이 컸다. 거짓말 조금 더 보태서 반나절은 오답노트 만들다가 가버릴 수 있는 상황이었다. 하지만 이런 이유로 오답노트를 만들지 않으면 고득점은 꿈 같은 이야기에 지나지 않을 것이었다.

고민 끝에 내린 해결책은 '오답봉투→오답노트'로 이어지는

2단계 접근법이었다. 오답노트를 만들기에는 오답이 너무 많으니 우선 오답봉투로 한군데에 모은 후, 차츰 줄여나가면서 오답노트로 발전시키자는 계획이었다.

오답노트와 관련해 수험생들이 가지고 있는 오해 중 하나는, 오답문제를 오려서 붙인 후 틀린 이유와 과정을 정성스레 기록해야 한다는 것이다. 물론 이렇게 한다면 금상첨화라고 할 수 있다.

하지만 체질에 따라 치료법이 다르듯 오답노트 역시 성적에 따라 달라져야 한다. 10문제를 풀면 3~4개 문제가 오답인 중위권 학생들에게 오답문제를 오려서 붙인 후 틀린 이유와 과정을 정성스럽게 기입해야 한다고 귀에 못이 박히도록 이야기해도, 귀찮기도 하고 너무 많아 엄두도 안 난다. 그래서 오답봉투를 추천하는 것이다.

오답봉투를 이야기할 경우, 가장 많은 질문 중 하나는 '어떤 봉투를 사용해야 하냐'는 것이었다. 이런 질문을 받을 때마다 참 당혹스럽다. 그냥 아무 봉투나 사용해도 된다. 봉투에다 수학이면 수학, 국어면 국어라고 표시한 후 그 안에 틀린 문제를 오려서 모으면 된다. 틀린 이유나 과정 등을 쓸 필요도 없다. 그저 모으기만 하면 된다. 그러고는 모의고사를 치르기 일주일 전 또는 주말 자습 시간에, 봉투에 있는 오답문제를 다 꺼내서 하나씩 풀어보면 되는 것이다.

이렇게만 이야기를 하고 끝내면 꼬리를 무는 질문 2가지가 또 나온다.

1. 오답문제를 어떻게 오려야 하느냐
2. 오답문제의 정답과 해설은 어떻게 해야 하느냐

1의 답은 '시간이 있으면 오리고, 시간이 없으면 오리지 말라'는 것이다.

예컨대 모의고사를 봤다고 하자. 30문제 중 10개가 오답이다. 시험지는 양면이기 때문에 앞뒤로 오답일 경우는 오리다가 한쪽 오답문제가 잘리는 경우도 생긴다. 그리고 잘라낸 오답문제의 크기도 제각각이다. 이렇게 할 경우 봉투에 넣고 꺼내는 과정에서 하나둘 분실할 수 있어 관리가 어렵다는 문제점과 오려야 된다는 번거로움이 생긴다. 게다가 시험문제를 푼 흔적이 있기 때문에 다시 보기가 어렵다는 단점도 있다.

따라서 필자는 모의고사의 경우, 시험지 파일을 다운로드받아 깔끔하게 출력한 후에 사용하라고 권한다. 평가원과 교육청 모의고사는 말할 것도 없고 사설 모의고사도 PDF로 된 시험지 파일을 구할 수 있다. 이를 내려받아 프린트한 후 별도로 잘라낼 필요 없이 틀린 항목에 표시만 하면 된다.

'틀린 항목에 어떻게 표시를 할 것인가?'라고 질문을 하면 '체크 표시를 한다' '빨간펜으로 동그라미를 그린다' '☆표를 한다' 등등 많은 의견이 나올 것이다. 필자가 추천하는 표기법은 다음과 같다.

실수로 틀린 경우	○
정답이지만 찍어서 맞힌 경우	△
개념부족	□
아예 모르는 문제 등	☆

오답은 유형은 크게 4가지 종류로 나뉜다.

첫째, 실수로 틀린 경우

둘째, 정답이지만 찍어서 맞힌 경우

셋째, 개념부족

넷째, 아예 모르는 문제 등

중위권 학생 중 많은 숫자가 찍어서 맞힌 문제는 오답이라고 생각하지 않는 경향이 있다. 하지만 명백한 오답이다. 명심하도록 하자.

왜 이 같은 기준과 표시대로 오답문항을 구분해놓아야 하느냐? 바로 어떤 단원, 어떤 유형의 문제를 풀 때 어떤 형태의 오답이 많은지를 분석할 수 있기 때문이다. 아주 중요한 포인트 중 하나다. 오답분석표가 있기 때문에 가능한 일인데, 오답분석표는 '2. 오답문제의 정답과 해설은 어떻게 해야 하느냐'에 대한 설명을 마무리 짓고 구체적으로 들어가겠다.

오답문제의 정답과 해설 역시 PDF파일로 출력하거나 아니면 복사를 해서 함께 넣으면 안 된다. 각각 오답문제 따로, 정답과 해설 따로 보관해야 한다.

왜냐하면 함께 있으면 잘 안 풀리는 문제는 끝까지 풀려고 노력하기보다는 정답과 해설지를 보고 넘어가자는 유혹에 사로잡히기 쉬워서이다. 오답봉투에 있는 오답문제를 풀 때는 오답문제에 풀면 안 된다. 오답문제는 자기 것으로 만들 때까지 계속해서 풀어야 한다. 그러니 오답문제에 풀어버리면 곤란한 상황이 생기게 된다. 자, 여기까지 설명을 듣고 똑똑한 독자라면 다음과 같은 의문이 들어야 한다.

'오답을 자기 것으로 만든 다음에는 어떻게 해야 하지?' 오답을 자기 것으로 만들었다면 표시를 하면 된다. '어떻게?' 다시 한번 오답표시로 돌아가 보자.

○, △, □, ☆의 4가지 도형에는 공통점이 한 가지 있다. 뭘까?

바로 속이 비어 있다는 것이다. 빈 공간에 색칠을 하면 된다. 처음에는 귀찮게 왠 색칠이냐는 반응이지만, 나중에는 하나씩 색칠하면서 지워나가는 재미가 쏠쏠해진다.

봉투라고 해서 진짜 봉투에만 담으라는 법은 없다. 봉투가 아니어도 좋다. 문구점에 가면 쉽게 구할 수 있는 클리어파일이나 하드케이스 등에 담아도 된다. 오답봉투의 주목적은 오답을 하나로 모으는 데 있기 때문에 봉투의 재질과 메이커 등을 따질 이유가 없다.

오답분석표에 대한 이야기를 하겠다.

오답분석표는 크게 2가지 버전으로 추천한다. 하나는 대단원별 구분, 하나는 소단원별 구분이다. 먼저 뒷장의 예시를 살펴보도록 하자.

오답분석표 대단원과 소단원 버전의 차이를 살펴보았는가? 어떤 차이점이 있는가? 대단원 버전은 누구나 쉽게 활용할 수 있지만 소단원 버전은 어느 정도 기본 실력이 있는 친구들이 활용해야 힐 깃 같다는 생각이 들지 않는가?

맞다. 이 책을 보고 있는 독자층은 대부분은 중위권 성적대일 것이다. 따라서 소단원 버전을 사용하기에는 무리가 있을 것이라고 생각된다. 중위권 성적대 친구들은 오답을 분류할 때 대단원까

오답분석표 대단원 버전

구분	구분	다항식	항등식	나머지 정리	인수 분해	복소수와 이차방정식	여러 가지 방정식	여러 가지 부등식	평면 좌표
3월 모의고사	○								
	△								
	□								
	☆								
4월 모의고사	○								
	△								
	□								
	☆								
5월 모의고사	○								
	△								
	□								
	☆								

오답분석표 소단원 버전

구분	구분	다항식				항등식		나머지 정리	
		다항식의 연산	곱셈 공식	다항식의 나눗셈	조립 제법	항등식의 성질	미정계수법	나머지 정리	인수 정리
3월 모의고사	○								
	△								
	□								
	☆								
4월 모의고사	○								
	△								
	□								
	☆								
5월 모의고사	○								
	△								
	□								
	☆								

지는 어렵지 않게 분류할 수 있다. 하지만 소단원까지 분류하는 데에는 현실적인 어려움이 있기 때문에, 가급적 대단원 버전을 활용하라고 권한다.

표는 설명의 편의를 위해 모의고사 오답분석표를 수록했다. 자신이 풀고 있는 교재의 목차를 오답분석표에 담아 활용해도 무방하다. 모의고사별로 ○△□☆의 표시가 있다.

예컨대 3월 교육청 모의고사에서 총 10문제가 오답이라면? 단원별로는 다항식 1문제, 항등식 1문제, 나머지 정리 2문제, 인수분해 2문제, 평면좌표 4문제가 오답이라고 하자. 이 오답을 ○△□☆의 표시로 정리해보니 다항식과 항등식 1문제 오답은 ○, 나머지 정리와 인수분해 2문제 오답은 △, 평면좌표 4문제 오답은 □라는 결론이 나왔다. 그럼 다음과 같이 표시할 수 있을 것이다.

이렇게 모의고사별로 정리하다 보면 특정 단원에서 어떤 형태로 오답이 나오는지를 한눈에 파악할 수 있다. 예컨대 평면좌표 오

구분	구분	다항식	항등식	나머지 정리	인수 분해	복소수와 이차방정식	여러 가지 방정식	여러 가지 부등식	평면 좌표
3월 모의고사	○	1	1						
	△			2	2				
	□								4
	☆								

답이 대부분 □라면? 평면좌표가 약한 이유는 개념이 부족하기 때문이라는 결론에 도달하게 된다. 그렇다면 문제를 많이 푸는 게 중요한 것이 아니라 개념을 정리하는 것이 문제해결의 근본 열쇠라는 사실을 알게 되는 것이다.

학생들을 만나 자신의 약점을 질문하면 처음에는 자신 있게 '다항식, 항등식, 인수분해 등이 약해요' 또는 '수학1이 약해요'라고 이야기한다. 하지만 양파 껍질 벗기듯이 하나씩 벗기다 보면 어느 순간 '글쎄요?'라는 반응으로 바뀌게 된다. 당장 이 책을 읽고 있는 독자들도 내가 한 질문에 답해보라.

1. 수학1이 약하다고 했는데, 수학1에서 어떤 단원이 약한 것 같아?
2. 수학1에서 여러 가지 방정식이 약점이라고 했는데, 여러 가지 방정식 중 어떤 소단원이 약점이라고 생각해?

이런 식으로 구체적인 질문을 하다 보면 대부분 소단원에서 무너지게 된다. 또한 자신이 알고 있는 약점과 실제 약점이 다른 경우도 부지기수다. 왜냐하면 거기까지는 한번도 생각을 해본 적이 없기 때문이다. 그래서 오답분석표를 누적시키는 것이다. 모의고사뿐만 아니라 EBS연계교재를 풀 때도 목차별로 오답분석표를 만들어 누적시켜나가면 포기할 때도 편해진다.

수학을 포기하라는 의미가 아니다. 예컨대 수능까지 1달이 남은 상황인데 인수분해에서 ☆표가 많다고 하자. 하지만 수능에서는 인수분해 단원 문제가 1문제만 나온다. 그렇다면 어떻게 결정해야 할까?

이런 식으로 누적되면 내가 힘을 쏟아야 하는 단원과 약간은 빼야 하는 단원을 알게 되고, 상황에 맞춰 조절하게 되는 것이다. P도 이런 지루한 과정을 거쳐서 수능에서 머리털 나고 가장 높은 점수를 받을 수 있게 되었다.

제9장

진짜 공신들의
공부비법

공신의 비법 1

공신들의 공부방법은
3가지로 요약된다

　공신(공부의 신)의 원조라고 할 수 있는 휴넷 조용탁 대표로부터 '공신들의 공부비법을 분석해보니, 그 비법은 사교육이 아닌 공부동기 · 공부법 · 환경의 3단어에 녹아 있더라' 하는 말을 들은 적이 있다. 이 중 가장 기본은 공부환경을 만드는 데 있다고 했다. 공부환경을 만들면 공부에 대한 동기도 더욱 강해진다는 이유였다.

　맞는 말이다. 특히 요즘처럼 스마트한 전자제품에 둘러싸인 상황에서는 공부할 수 있는 환경을 만드는 것이 더욱 중요하다. 하버드대 리처드 라이트 교수는 '공신들은 공통적인 습관이 있다'는 연구결과를 발표했는데, 이들은 학교에서 돌아온 뒤 2시간 동안 휴대전화와 텔레비전의 전원을 끄고 자신만의 공부시간을 가졌고, 운동이나 인터넷 검색과 같은 과외활동은 그 이후의 시간을 활용했다고 밝혔다. 공신들은 자기 스스로 공부에 집중할 수 있는 환경을 만든다는 것이다.

이 같은 환경을 만들기 위한 첫 단계는 자신의 성향에 맞는 공부장소를 선택하는 것에서 출발한다. 예컨대 집보다 독서실에서 공부가 더 잘된다면 독서실을 공부장소로 선정한다. 장소를 결정했다면 책상은 깔끔한 상태로 유지하는 것이 필수이다. 특히 공부 외에 신경을 끌 만한 만화나 소설 같은 책은 모두 치워야 몰입할 수 있는 환경이 조성된다.

자신의 공부 습관도 살펴야 한다. 예컨대 공부할 때 음악을 듣거나 휴대전화 전원을 켜두는 것처럼 공부를 방해하는 습관이 있다면 과감히 고쳐야 한다. 실제로 음악을 들어야 집중이 된다는 경우가 있는데, 정작 집중력이 필요한 수업이나 시험시간에는 음악을 들을 수 없다는 사실을 명심해야 한다. 공부의 흐름을 방해하는 휴대전화 역시 전원을 끄고 책상 위에서 치우는 것이 필요하다.

공부를 방해하는 또 다른 유혹거리는 텔레비전 시청과 게임 등이다. 텔레비전 시청 시간이 2시간 이상일 경우, 주의력에 문제가 생길 수 있는 확률이 최대 2.2배 높아진다는 연구결과도 나왔다. 텔레비전과 게임 등에서 얻는 순간적인 만족감을 참을 수 있도록 계획적인 사용 습관을 들이는 것이 중요하다. 스탠퍼드대 연구팀의 조사결과도 이를 증명한다. 순간적인 만족감을 제어하는 집단과 아닌 경우의 SAT(미국 대학수학능력시험) 점수를 비교한 결과, 210점의 차이가 발생했다는 것이다.

대인관계도 놓칠 수 없는 부분이다. 학창 시절에는 타인과의 관계에서 사소한 문제만 생겨도 심리적으로 큰 영향을 받는다. 갈등이 생겼다면 무엇이 문제인지를 파악하고 대화를 통해 해결하는 것을 추천한다. 좋은 인간관계는 공부와 슬럼프 극복에 많은 도움이 된다. 그런 점에서 수험생활 중 극심한 슬럼프로 불안했던 K 양의 사례는 눈여겨볼 만하다. '지금까지 해온 너의 노력 과정을 지켜봤다며, 절대 실패하지 않을 테니 두려워하지 말라던 친구의 격려가 슬럼프에서 벗어나 고려대에 진학할 수 있는 힘이 됐다'라고 말했다.

자신의 문제점을 파악했다면 해결책도 함께 고민해야 한다. 자신의 문제점을 항목별로 정리한 다음 실천계획을 꼼꼼히 수립해야 한다. 예컨대 자신이 휴대전화 때문에 공부에 집중할 수 있는 환경이 아니라면 '공부할 때는 휴대전화를 끈다' '공부할 때는 휴대전화를 교사나 부모에게 맡긴다' '휴대전화를 해지한다'와 같은 실천계획을 수립해 적용하는 것이다.

쉬운 공부법부터
시작해라!

공부시간은 많은데 투자한 시간만큼 성적이 안 나오는 경우를 어렵지 않게 볼 수 있다. 대부분 공부법을 몰라서다.

공부법에도 적용단계가 있다. 먼저 쉬운 공부법으로 시작해 성적 상승의 맛을 본 후, 어려운 난이도의 공부법으로 넘어가는 것이 필요하다. 여기서 소개하는 쉬운 공부법은 독자들도 한번쯤 들어봤을 내용이다. 하지만 절대 무시하지 말 것! 기초가 튼튼해야 건물도 튼튼하게 지을 수 있다.

수업시간 5분 전 예습

많은 경우 예습을 우습게 생각하는데, 수업에 몰입할 수 있는 가장 확실한 방법이다. 텔레비전 연속극을 예로 들자. 예고편을 보면 다음 내용에 대한 기대감이 커진다. 예고편을 보며 예측했던 내용, 궁금했던 내용을 확인해야 하기 때문에 드라마에 훨씬 몰입할 수 있게 된다. 예습도 그런 원리다. 예습은 오랜 시간 공들여서 할 필요가 없다. 쉬는 시간 중 5분만 투자해 오늘 배울 내용이 무엇인지를 살펴보고 궁금한 점을 정리하는 것으로 충분하다.

내비게이션 예습법이 가장 쉽게 적용할 수 있는 방법이다. 우선 전체 경로를 확인할 수 있는 목차를 살펴본다. 오늘 배울 내용의 단원명을 확인하고 이전 수업에서 어떤 내용을 배웠는지 기억을 되살린 후 학습목표를 살펴본다. 학습목표를 보면 오늘 어떤 내용에 집중해 수업을 들어야 하는지 알 수 있다. 학교에서 출제하는 시험문제의 대부분이 학습목표에서 출제된다.

학습목표를 확인했다면 교과서에서 오늘 배울 내용을 살펴본다. 어떤 내용인지 읽어보고 도표나 그림이 있다면 어떤 정보를 담고 있는지 눈여겨보면 된다. 이 과정을 거치면 수업시간에 배우는 내용이 대강 파악돼 수업 집중도가 높아지게 된다.

복습의 가장 중요한 키워드는 반복과 이해

자기 주도적 학습의 핵심은 바로 복습이다. 예습을 통해 호기심을 가지고 수업을 통해 내용을 이해했다면, 복습은 완전히 내 것으로 만드는 과정이다. 서울대생 130명을 상대로 조사한 결과에서도 95퍼센트 이상이 '복습이 가장 중요하다'고 꼽았을 정도다. 복습의 가장 중요한 키워드는 반복과 이해다. 특히 반복은 그 시점이 중요하다.

마인드맵의 창시자 토니 부잔은 에빙하우스의 망각주기를 분석해 복습주기를 정리했다. 이것이 바로 5 · 60 · 30의 방법이다. 이 방법은 수업이 끝나고 5분, 그날 저녁에 60분 동안 복습한 후, 주말을 이용해 일주일 동안 배운 내용을 30분 정도 복습하면 한 달 동안 기억이 가능하고, 한 달 뒤에 다시 한 번 복습하면 6개월 이상의 장기기억으로 저장된다는 이론이다.

복습을 시작한다면 처음부터 욕심부릴 필요는 없다. 먼저 2개 정도의 과목을 정해서 시작하는 것이 좋다. 자신이 가장 좋아하고 잘하는 과목부터 시작해 조금씩 다른 과목으로 연결해나가는 것이 효과적인 복습 습관을 만들 수 있는 방법이다.

교탁 앞 2~3번째 열 가운데 '골든존'에 앉아라

유명 아이돌 가수의 공연에 간다고 생각해보자. 가장 비싼 가

격으로 팔리는 좌석이 어딜까? 바로 무대 중앙에서 3분의 1정도 지점이다. 가수의 얼굴도 잘 보이고 노래도 잘 들리기 때문이다. 하지만 기둥이 가리는 자리에 앉았다면 공연에 몰입하기가 무척이나 힘들어질 것이다. 교실의 자리 배치도 이와 같다. 수업에 집중할 수 있는 자리와 그렇지 않은 자리가 있다.

골든존(Golden Zone)은 수업시간 중 교사와 소통하며 집중할 수 있는 환경이 조성되는 자리를 의미한다. 교탁 앞에서 2~3번째 열 가운데 책상이다. 블랙존(black Zone)은 교사의 시야에서 벗어난 자리다. 보통 구석이나 뒤쪽 자리를 말한다. 교사의 설명도 잘 들리지 않고 필기도 선명하게 보이지 않는다. 자연스레 수업시간에 딴짓을 하기 쉬워진다.

골든존에서 공부할 때와 아닌 경우는 평균 점수가 15점 이상 차이 난다는 연구결과가 있다. 자리 잡기도 성적 상승의 전략인 셈이다.

공신의 비법 3

실천을 부르는 비법,
학습계획서 작성

　뉴욕대 피터 골비처 교수는 학생들에게 크리스마스 다음 날까지 제출해야 하는 과제를 냈다. 그런 다음 언제 어디서 과제를 할 것인지 미리 써놓은 집단과 그렇지 않은 집단의 경우로 나눴다. 집단별로 과제를 제출하는 학생이 얼마나 되는지 관찰하기 위해서였다.

　결과는 놀라웠다. 언제 어디서 무엇을 할 것인지 계획한 집단은 75퍼센트가 제시간 안에 과제를 제출했다. 하지만 반대의 경우는 고작 33퍼센트만 과제를 제출했을 뿐이다.

피터 골비처 교수의 실험은 계획이 실행에 어떤 영향을 주는지 알려준다. 공부할 때도 마찬가지다. 구체적인 계획이 있는 경우와 없는 경우는 결과가 달라진다.

실천하는 공부 계획을 세우기 위해선 실행 주체인 자신을 먼저 분석해야 한다. 특히 혼자 공부할 수 있는 시간이 얼마나 되는지를 알아야 합리적인 계획을 수립할 수 있다.

수면시간과 학교·학원의 수업시간, 식사시간, 등하교에 소요되는 이동시간을 먼저 제외한 다음, 종교 활동과 휴식시간 등 일주일에 고정적으로 사용하는 시간을 감안하면 남은 시간이 학습에 사용할 수 있는 시간이 된다. 막상 이렇게 계산해보면 공부에 투자할 수 있는 시간이 생각보다 적다는 사실에 놀랄 것이다.

느슨해지기 쉬운 일요일에 주간계획 시작

계획을 세울 때도 단계가 필요하다. 목표 설정이 우선이다. 자신의 목표 점수를 바탕으로 어떤 공부를 얼마나 해야 할지 생각하는 과정이다.

목표가 정해졌다면 그것을 달성하기 위한 구체적인 방법을 고민해야 한다. 예컨대 '약점인 수학시험에서 80점을 받겠다'는 목표가 생겼다면, 이를 위해 강의를 듣고 자신의 수준에 맞는 문제집을 선택해 풀겠다는 전략이 필요해진다. 주간계획은 이처럼 목표와

전략이 정해진 상태에서 수립해야 한다. 일주일 동안 공부할 과목과 교재를 결정하고 과목별로 공부할 내용과 분량을 정해놓는다.

그다음 일주일 중 어느 요일에 공부할지도 결정해야 한다. 이때 분량은 자기가 가능하다고 생각하는 범위의 70~80퍼센트 정도로 잡는 것이 중요하다. 그래야 편안한 마음으로 공부할 수 있고 계획을 달성했다는 뿌듯함도 느낄 수 있다. 처음부터 무리한 계획을 세운다면 스스로도 지키기가 어렵다고 생각해서 포기하기도 쉬워진다. 주간계획은 토요일 저녁에 세우는 것이 좋다. 자칫 느슨해질 수 있는 일요일을 일주일의 시작으로 잡으면 그만큼 시간을 효율적으로 사용할 수 있기 때문이다.

자투리 시간활용계획도 빼놓지 말아야 한다. 이 시간에 볼만한 영어단어장이나 간단한 수학문제 등을 미리 준비해두면 바로 활용할 수 있어 편리하다. 주간계획을 수립할 때 완충장치도 감안해야 한다. 이는 계획 수행에 차질이 생길 경우에 대비한 여유시간을 의미한다. 너무 빡빡한 공부 계획은 오히려 효과를 반감시킨다. 적절한 빈칸이 남겨진 계획표가 훨씬 효과적이다.

골든타임 파악한 후 하루 계획 짜야

주간계획이 완성됐다면 하루 동안 실천할 수 있는 일일 계획을 수립해야 한다. 아침에 일어나서 세우는 것을 추천한다. 아침에 생각을 정리하는 동안 몸과 마음이 공부를 위한 준비를 할 수 있기 때문이다.

일일 계획은 골든타임을 파악하는 것이 중요하다. 하루 중 가장 집중이 잘되고 공부를 잘할 수 있는 시간이다. 그 시간에 주요 과목이나 집중적으로 공부해야 하는 과목, 취약한 과목을 배치하는 것이 좋다.

공부계획을 수립할 때는 시간과 분량 모두를 고려해야 한다. 시간 단위로만 계획을 세우면 '그 시간만 보내면 된다'는 생각에 시간을 허비할 수도 있다. 분량 단위로만 계획을 세울 경우에도 정해진 시간이 없기 때문에 하염없이 붙들고 있을 가능성이 높아진다.

계획을 세우고 실천하는 것 못지않게 돌아보며 반성하는 시간도 중요하다. 내가 세운 계획을 잘 실천했는지 점검하고 부족한 점은 개선하려고 노력해야 발전을 기대할 수 있다. 반성할 때는 자신이 못 이룬 점에만 집착하는 경우가 많은데, 계획을 지키지 못한 부분에 대해서는 철저히 그 원인을 확인해 개선하되 잘한 것에 대해서는 스스로 합당한 '보상'해줄 필요가 있다. 못한 것은 보완하고, 잘한 것은 더 잘할 수 있도록 '점검'의 성격이 강해야 한다.

tvN 교육토크쇼
〈성적욕망〉 출연자 및
신청자 컨설팅
결과 모음

혹시 tvN의 교육토크쇼 〈성적욕망〉이라는 프로그램을 본 적이 있는가? 이 프로그램에는 필자의 땀방울도 담겨 있다.

필자는 프로그램에 참가한 수험생들의 성적표를 토대로 '학습유형에 따른 맞춤형 공부법'과 '정시모집 기준 지원 가능 대학 컨설팅' 등 전문적인 대입자문을 담당했다. 《국민일보》 6월 4일자 기사로도 보도가 됐는데, 다음과 같은 내용이다.

tvN 교육상담토크쇼 〈성적욕망〉 11일 첫 방송

··· 자문으로 김법수 교육전문기자 참여

학부모와 수험생 들이 제일 갈망하는 것이라면 성적을 올리는 것 아닐까. 학부모와 수험생의 요구에 초점을 맞춘 이색

토크쇼가 전파를 탄다. tvN이 성적을 올리고 싶은 학부모와 수험생의 욕망을 반영한 4부작 교육상담토크쇼 〈성적욕망〉 첫 방송을 오는 11일 오후 8시 40분에 공개한다.

이 방송은 각종 교육 풍문의 실체를 확인하는 풍문검증소, 실제 수험생의 성적표를 과감히 공개하고 냉정하게 분석하는 성적상담소 코너 등을 통해 실질적인 해답까지 제공하는 것이 특징이다. 방송인 강용석, 박지윤이 MC로 출연하며 아나운서 오상진과 개그우먼 장도연이 첫회 게스트로 나온다.

한편 tvN 〈성적욕망〉 프로그램에는 《글로벌이코노믹》 김범수 교육전문기자가 대입자문으로 참여한다. 김 기자는 메가스터디와 《중앙일보》《동아일보》 교육섹션 대입담당기자 등을 지낸 입시전문가로, 프로그램에 참가한 수험생들의 성적표를 토대로 학습유형에 따른 맞춤형 공부법과 정시모집 기준 지원 가능 대학 컨설팅 등 전문적인 대입자문을 담당한다.

또 김 기자는 최근 대입 자기소개서 작성법 노하우를 담은 책 《IN서울 대학 자기소개서 쓰기의 비밀》을 출판해 화제가 되기도 했다.

최영경 기자 ykchoi@kmib.co.kr

컨설팅 사례를 부록으로 소개하는 이유는 아주 다양한 유형이 있다는 것과, 유형별로 학습방법이 달라야 한다는 것을 알려주기 위해서다. 하나하나 사례를 읽어보면 '이렇게 공부하는 학생들도 있구나' '이런 학생들은 이런 유형이구나' 그리고 '이런 유형의 결과는 어떻구나' 하는 것을 알 수 있을 것이다.

이 책을 읽고 있는 본인이 특정 유형에 해당된다면 고집 피우지 말고 어떻게 개선해나갈지를 고민하도록 하자.

1. 문과 학생

국제고 재학

 공부법

- 아침 6시 기상, 밤 1시 취침. 하루 자습시간 8시간 30분(주말 12시간)

- 매월 말 성취도 점검 및 다음 달 계획과 주간계획 세움

- 국어 · 영어 · 수학 · 사회문화 · 법과정치 인강 수강

- 헷갈리는 문제는 컴퓨터로 정리해서 출력한 뒤 손으로 오답노트 만들고 있음

- 3~4월 모의고사 분석한 결과 국어는 고전산문이, 수학은 지수로그함수와 통계가 취약

- 자투리 시간 활용:

  - 등교하는 15분 동안 유 · 견과류 먹으며 영어단어 암기

  - 교실 아침청소 중에는 사자성어 및 수능국어 필수단어 암기

  - 쉬는 시간에는 학교 숙제를 하거나 수학문제풀이

  - 저녁 자습시간에는 영어와 수학에 비중. 수학문제 풀 때만 음악을 들음

– 주말에는 오전 8시 30분부터 23시까지 학교 자습실에서 자습

희망대학

● 고대 영어교육과 또는 교육학과

4월 학력평가 성적

	언어	수리	외국어	탐구	
				법과정치	사회문화
등급	1	3	1	1	2
원점수	96	78	100	50	44

필자 컨설팅 결과

현 성적으로는 정시모집을 기준으로 하여 이화여대 추가합격, 중앙대 하위권~경희대 중위권 학과, 한국외대 어문계열, 서울시립대 일반학과에서 최초합격이 가능합니다.

성별을 표시 안 해주셨는데요. 이런 유형은 10에 9가 여학생이라, 여대도 포함시켜 말씀드렸습니다(실제로 여학생이 맞았습니다. 작가들이 놀

랐다고 하네요).

이 친구는 첫 회 방송에 딱 맞는 유형이라 생각합니다. 수학이 다른 과목에 비해 약한 건 사실이지만 그렇다고 편차가 심한 것도 아니기 때문이죠.

원점수가 78점이라면 실제로는 88점까지는 특별한 노력 없이 받을 수 있습니다. 이 친구는 똑같은 수학시험지를 가지고 시험을 치러도 환경에 따라 성적이 다르게 나오는 유형입니다. 시험장이라는 긴장감 속에서는 78점이지만 편안한 마음으로 자습시간에 풀면 90점까지도 나오는 경우죠. 실력이 없다고 하기보다는 심리적인 부분과 수학 공부방법에 문제가 있을 확률이 99퍼센트입니다.

또한 수학공부에 쏟는 시간이 다른 과목에 비해 상당히 낮을 겁니다. 국어가 10시간이면 수학은 3~4시간 정도일 거예요. 그리고 '수학문제 풀 때만 음악을 듣는다'라는 단서에서 유추해보면 '초등학교와 중학교까지는 수학공부를 잘했지만 주로 과외나 학원 등 사교육을 통해 암기 위주로 공부했다'는 분석이 나옵니다. 하지만 고등학교에 올라오니 더 이상 암기 위주의 수학은 통하지 않지요. 이런 유형은 주로 양치기라고 해서 문제풀이에만 집중하는 경향이 있습니다. 문제풀이에만 집중하기 때문에 지루함을 덜기 위해서 음악을 듣는 측면도 있어요.

하지만 잘못된 기본 습관과 공부방법을 잡아주면 그 즉시 성과가 나오는 학생입니다. 적지 않은 인문계열 수험생들이 1번 친구와 같은 어려움을 겪고 있으니 첫 방송으로는 최고의 선택이라 생각합니다.

지금 성적에서 수학만 1등급을 받으면 연세대와 고려대에서 원하는 학과 진학이 가능합니다. 🍏

2. 문과 학생

공부법

- 일주일에 한 번씩 모의고사 풀이
- 수학: 최근부터 주 중에 오답 유형 모아 풀이. 개념서 끝내고 유형별 문제 푸는 중. 쉬운 문제 2분, 어려운 문제 5분으로 정하고 문제풀이
- 영어: 주중-EBS연계교재 위주, 고득점 문제모음집
  주말-서천군 인재교육프로그램
- 국어: 문학 2번, 비문학 2번, 모의고사와 고득점 문제 2번씩 공부
- 윤리와사상: 주 3회 기출문제풀이
- 동아시아사: 이해를 기반으로 한 암기

희망대학

- 한국외대 노어과(방문 앞에 한국외대 사진을 걸어둠)

요즘 성적 정체기라 고민. 내신등급이 모의고사에 비해 낮아 정시 고려

필자 컨설팅 결과

학력평가 성적이 없어 분석이 어렵습니다. 하지만 공부법을 보니 성적이 사탐 〉영어 〉국어 〉수학 순으로 나오는 학생 같습니다.

동아시아사 공부방법이 이해를 기반으로 한 암기라고 한 것을 보면 암기가 필요한 사탐 성적이 가장 높고, 수리적 사고력이 필요한 수학이 가장 취약합니다.

'쉬운 문제 2분'이라고 한 것 자체가 '나 수학 자신 없어요!'라고 선전하는 것과 같죠. 보통 수학에서 2등급 이내인 친구들은 쉬운 문제는 1분~1분 30초 안에 풀어버립니다. 따라서 쉬운 문제를 몇 분 안에 푸는지를 봐서 역으로 수학 성적 예측도 가능한데, 이 친구는 3~5등급 사이를 왔다 갔다 할 겁니다. 모의고사 범위가 어디냐에 따라서 점수 널뛰기가 심한 친구라고 생각합니다.

전반적인 성적은 탐구 1~2등급, 엉어 1~2등급, 국어 2등급, 수학 3~5 등급 사이로 예상합니다. 이 성적은 서울의 동덕여대와 덕성여대 입학이 가능한 수준입니다. 🍎

3. 문과 학생

 **공부법**

- 수학: 인강
- 사탐: 인강
- 영어: 연계교재 바탕으로 '분석노트' 만들어서 공부. 단어는 시험에 나온 모르는 단어 추려서 매일 암기
- 국어: 〈매3문〉 문제집 시리즈와 연계교재 풀이. 국어공부법 고민이 많음

 희망대학

- 이화여대, 중앙대, 한국외대, 숙명여대 영어교육과나 영문과 농어촌전형 지원 가능. 정시 고려 중

모의고사 성적

	언어	수리	외국어	탐구	
				생활과윤리	사회문화
등급	3	3	1	1	1
원점수					

필자 컨설팅 결과

이런 유형은 주로 책 읽기를 싫어하는 경우가 많습니다. 특히나 외국어가 1등급이면서 언어가 3등급인 친구들은 고전문제와 시가복합문제 등 어려운 단어가 나오는 유형이 약점인 경우가 많죠. 인문계열 수험생 중 영어와 사탐 성적이 제일 좋고, 국어와 수학 성적이 상대적으로 나쁜 경우도 흔합니다. 첫 방송은 아니어도 충분히 다룰 만한 학생입니다.

이 친구는 공부법도 공부법이지만 취약과목에 대한 공부시간이 현저히 부족할 것으로 보입니다. 내가 좋아하는 과목은 10시간이고 20시간이고 공부하지만, 아니다 싶은 과목은 5~7시간 징도로 비중이 낮을 겁니다. 공부법과 취약과목에 대한 공부계획을 장기적으로 잡아주면 성적이 상승하는 유형입니다. 현재 성적으로는 숙명여대와 동국대 수준에서 최초합격이 가능합니다. 🍎

4. 문과 학생

 **공부법**

- 대안학교를 다녀서 자습 위주로 공부
- 수학: 인강
- 영어: 인강
- 국어: 단과학원
- 탐구과목과 영어단어는 혼자 암기

 **모의고사 성적**

	언어	수리	외국어	탐구	
				한국지리	세계지리
등급	2	3	3	1	1
원점수	92	64	91	47	47

희망대학

- 연세대, 성균관대, 건국대, 경희대

필자 컨설팅 결과

이런 유형은 공부방법에 대한 문제라기보다는 공부시간에 대한 문제가 큰 경우랍니다. 예컨대 이런 경우죠. 일요일에 10시간 자습을 합니다. "어떻게 공부하니?" "5시간은 한국지리 하고요, 나머지 5시간은 세계지리 공부합니다"라고 대답할 유형이죠. 과목별 편차가 심한 경우입니다.

몇 시간이고 집중해서 공부할 수 있는 능력은 있지만 각 과목별 공부시간의 편차가 아주 큰 친구라 생각됩니다. 사탐과목 성적이 다른 과목에 비해 월등하게 좋은 친구도 많은 편입니다. 이런 경우도 방송에서 다루면 많은 공감을 얻을 수 있다고 봅니다.

이 친구도 전체적인 성적으로 보면 여학생일 가능성이 큽니다.

현재 성적으로는 동덕여대와 덕성여대 등에서 추가합격이 가능한 수준입니다. 여자가 아니라면 국민대, 숭실대, 세종대, 단국대, 광운대, 명지대, 상명대, 가톨릭대 등에서 학과에 따라 최초합격과 추가합격이 가능합니다. 🍎

5. 문과 학생

 **공부법**

- 인강에 많이 의존

 희망대학

- 한국외대

 4월 학력평가 성적

	언어	수리	외국어	탐구	
				사회문화	윤리와사상
등급					
원점수	97	96	100	50	50

필자 컨설팅 결과

이 성적이 수능 성적이라면 서울대나 고려대도 충분히 합격할 수 있는 학생입니다. 그런데 한국외대를 희망한다면 2가지 경우입니다. 한국외대 영어통번역학과를 원하든가 아니면 원점수를 잘못 써 냈든가.

인강에 의존하는데 이 정도의 성적을 받는 학생들을 찾기는 현실적으로 어렵습니다. 이 친구도 여학생 같은데 사실 확인이 좀 더 필요할 것 같아요. 🍏

6. 문과 학생

 공부법

- 영어단어 암기 기피. 집중시간이 짧음
- 인강에 지나치게 의존. 배우는 것에 비해 스스로 익히는 데 적은 시간을 투자
- 의지박약으로 많은 계획 무산

 4월 학력평가 성적

	언어	수리	외국어	탐구	
				생활과윤리	사회문화
등급	1	3	2	4	4
원점수	94	77	95	35	37

희망대학

- 고려대, 한양대

필자 컨설팅 결과

이 친구는 게으른 학생입니다. 외우는 것을 싫어하고 공부시간도 그렇게 길지 않지만 '머리가 좋다'는 평가를 받는 유형이지요. 시험을 치르거나 공부를 할 때 다리를 떨거나 샤프를 돌리거나 이빨 부딪치는 소리를 내는 학생 중에 이런 유형인 경우가 많습니다. 또 탐구 성적이 상대적으로 낮은 이유는 6월 이후 여름방학에 집중적으로 공부하면 된다는 생각을 가지고 있는 거지요. 지금은 사탐보다는 국어와 수학, 영어에 투자해야 한다는 생각을 가지는 경우입니다. 하지만 막상 6월이 되도 암기를 싫어하기 때문에 사탐공부를 등한시하는 유형입니다. 어이없는 실수로 틀리지 않아도 되는 문제를 자주 틀리는 유형이기도 하고요. 고집이 상당히 센 경우가 많은데요. 전문가가 이런저런 문제점을 지적해도 쉽게 수긍하지 않는 유형입니다. 방송에 나와도 쉽게 고치기는 어려운 유형이라 생각합니다. 이 친구는 남학생이라 생각되고요.

현 성적으로는 동국대 추가합격, 국숭세단 광명상가 대학에서 학과에 따라 최초합격과 추가합격이 가능한 상황입니다. 🍎

7. 문과 학생

 **공부법**

- 국어: 기출문제집이 마르고 닳도록 반복 학습
- 수학: 인강 수강 후 평가원 기출문제집으로 혼자 공부
- 영어: 학원에서 내주는 모의고사, EBS연계교재, 기타 고난도 문제 공부, 영어듣기, 영어단어 등은 주로 학교 쉬는 시간에 하는 편
- 사탐: 인강 심화강의를 들으면서 따로 기출문제 푸는 중

 희망대학

- 한양대 연극영화과, 중앙대 공연영상창작학부, 연세대 철학과

4월 학력평가 성적

	언어	수리	외국어	탐구	
				생활과윤리	사회문화
등급	2	1	1	1	2
원점수	93	100	98	47	45

필자 컨설팅 결과

이 친구는 언어 성적이 상대적으로 약한 편이지만 전체적인 성적 편차는 없다고 할 정도로 최상위권에 속한 학생입니다. 실수로 하나 더 틀리고 덜 틀리고 하는 유형이라 방송에서 다루기에는 별 효과가 없다고 생각합니다. 🍎

8. 문과 학생

 **공부법**

- 밤 10시까지 야자, 그 후 독서실 가서 12시까지 공부. 학원 안 다님

- 인강은 들으려고 알아보는 중

- 수학: 3월 모의고사 점수에 충격받아 수학공부에 매진. 30점 이상 올라감

- 국어: 무조건 만점 맞고 싶음. 요즘은 2문제만 틀려도 2등급

 희망대학

- 서울 4년제

 ## 4월 학력평가 성적

	언어	수리	외국어	탐구	
				생활과윤리	사회문화
등급	2	2	2	1	1
원점수	93	98	95	47	50

 ## 필자 컨설팅 결과

이 친구도 7번 학생과 마찬가지로 방송에서 다루기에는 별 효과가 없다고 생각합니다.

언어와 외국어탐구는 항상 1~2등급 사이를 안정적으로 유지하고 있으며, 수학 점수를 30점 이상 올렸다는 것을 볼 때 기본기가 없다기보다는 자신이 좋아하는 과목 위주로 공부했던 유형이라 생각됩니다.

현 성적으로는 건국대 이하로 최초합격이 가능합니다.

9. 문과 학생

공부법

- 대부분의 과목에 EBS교재 활용, 학교수업 위주, 모의고사 대비 따로 하지 않음
- 수학: 고난도 문제집 풀이로 모의고사 대비

희망대학

- SKY권의 수시 농어촌이나 학교장 추천
- 모의고사 성적이 어느 정도 나오는 편이라, 그에 맞는 정시전형을 알고 싶어 함

 ## 4월 학력평가 성적

	언어	수리	외국어	탐구	
				생활과윤리	사회문화
등급	1	1	1	?	?
원점수	98	92	100		

 ## 필자 컨설팅 결과

이 정도 성적의 농어촌 학생이라면 서울대에 충분히 합격 가능합니다. 7

번 학생과 마찬가지로 방송에서 다루기에는 부적합하다고 봅니다. 🍎

10. 이과 학생

 **공부법**

- 인강 수강 및 인강 복습, 기출문제풀이

 희망대학

- SKY 의예과

 3월 학력평가 성적

	언어	수리	외국어	탐구	
				화학1	생물2
등급	1	1	1	1	1
원점수	100	85	92	50	50

필자 컨설팅 결과

이 친구는 SKY 의예과에 충분히 합격 가능한 성적입니다. 하지만 그와 동시에 수학에서 1~2등급 편차가 있는 학생으로 보입니다.

원점수 100점도 가능한 실력으로 추측되지만, 실수와 시간 부족으로 놓치는 문제가 있을 것으로 예측됩니다. 그러나 어느 정도 자신이 컨트롤 가능한 수준이기 때문에 방송에서 다루기에는 부적합하다고 봅니다. 🍎

11. 이과 학생

공부법

● 영어 빼고 인강 수강, 수학은 5년 동안 기출문제풀이

희망대학

● (학교 상관없이) 의과대학

4월 학력평가 성적

	언어	수리	외국어	탐구	
				지구과학1	생명과학2
등급					
원점수	95	80	98	47	48

필자 컨설팅 결과

지금 현재 성적으로 의과대학은 힘들고 지방에 있는 한의대는 합격이 가능합니다.

이 친구도 수학에서 편차가 있는 학생으로 보이지만 기본기가 있기 때문에, 컨설팅을 한다고 해서 눈에 확 띄는 결과를 얻기는 어렵다고 생각됩니다. 🍎

12. 이과 학생

 공부법

- 이해를 기반으로 하는 암기, 이해되지 않는 부분은 인강 활용

 희망대학

- 카이스트

 모의고사 성적

	언어	수리	외국어	탐구	
등급	2~3	2~3	2~3	2~3	2~3
원점수					

필자 컨설팅 결과

이 학생은 전 과목이 2~3등급입니다. 이해를 기반으로 하는 암기라고 밝힌 것으로 보아 양보다는 질로 공부하는 스타일입니다. 진도가 느리다는 것이죠. 이런 경우는 무엇이 중요하고 무엇이 덜 중요한지 잘 모르기 때문에 쓸데없는 시간낭비를 하는 경우가 많습니다.

특히 자연계열 학생 중에는 이런 경우가 적지 않습니다. 하지만 진득하게 공부하는 학생이기 때문에 무엇이 문제인지만 알려주면 눈에 띄는 성적 변화가 보이는 유형이기도 합니다. 방송에서 다뤄도 충분하다고 봅니다. 🍎

13. 이과 학생

공부법

● 평일에는 인강 수강, 주말에는 학원에서 하루 종일 자습

희망대학

● 중앙대, 서울시립대, 경북대 컴퓨터공학과

모의고사 성적

	언어	수리	외국어	탐구	
				물리	지구과학
등급	1	2	2	3	2
원점수	100	80	95	34	39

212

 **필자 컨설팅 결과**

이 친구도 외우기를 좋아라 하지 않는 유형으로 보입니다. 학원에서 하루 종일 자습한다고 했는데, 아마 수리 〉 외국어 〉 언어 순으로 시간 배분을 할 겁니다. 다른 과목을 10시간 한다면 탐구는 2시간 정도 가볍게 몸 푸는 수준으로 공부할 겁니다.

언어와 외국어에 비해 수리와 탐구 성적이 상대적으로 낮은 경우인데요. 이과 학생 중에는 언어와 외국어 성적이 진짜 좋지만, 정작 가장 중요한 수학과 탐구 성적은 반대인 경우도 적지 않아요.

이 학생도 방송으로 다뤄도 충분하다고 봅니다. 엉덩이를 붙이고 장시간 공부하는 친구이긴 한데, 자신이 좋아하는 과목과 아닌 과목에 대한 호불호가 강한 유형이라 보입니다.

현재 성적으로는 본인이 원하는 대학 최초합격이 충분히 가능합니다.

14. 문과 학생

 **공부법**

- 국어: 학원 다닌 적 있음, 지금은 EBS강의를 활용한 독학 공부

- 영어: 학원 수강. 개인적으로 하루 100개 단어 암기

- 수학: 가장 부족하다고 생각하는 과목을 과외수업 받는 중

- 세계사: EBS 인강을 들으며 '단권화 노트' 만드는 중

- 생활과윤리: 사설 인강과 EBS 인강을 병행. '단권화 노트' 만드는 중.
  내신 사탐과 수능 과목이 일치하지 않아서 공부를 따로
  해야 함

 **희망대학**

- 서울교대, 경인교대

2014학년도 6월 고2 학력평가 성적

	언어	수리	외국어	탐구	
				생활과윤리	한국지리
등급	1	1	1	1	1
원점수	98	80	91	48	50
전국백분위	99.61	95.67	97.17	97.95	99.08

2015학년도 3월 고3 학력평가 성적

	언어	수리	외국어	탐구	
				생활과윤리	세계사
등급	1	2	2	1	2
원점수	98	73	98	47	44
전국백분위	98.73	91.54	94.85	98.29	93.20

 # 2015학년도 4월 고3 학력평가 성적

	언어	수리	외국어	탐구	
				생활과윤리	세계사
등급	1	1	1	3	1
원점수	98	92	100	44	50
전국백분위	98.80	96.36	98.02	85.68	98.56

 # 필자 컨설팅 결과

이 학생도 여학생인 듯합니다. 이 정도의 수학 성적을 가지고 부족하다니, 욕심이 많은 듯 보입니다. 수학뿐 아니라 영어도 문제인 것 같은데요. 영어 원점수가 91~98~100점을 넘나드는데, 이런 경우는 주로 빈칸추론 유형에서 털리거나 어이없는 실수로 틀리는 경유가 많지요.

이 학생도 정작 본인이 어떤 과목에서 어떤 유형이 약한지 잘 모르는 경우라고 생각해요. 열심히 공부하는 친구이긴 하지만 공부 방향이 핀트를 벗어난다는 느낌입니다. 하루에 영어단어 100개를 암기한다고 했는데요. 물론 학원에서 과제로 준 것이긴 하겠지만, 이 정도 수준이라면 하루 30~50개 정도로 충분합니다. 100개를 외운다는 건 시간 활용이 전략적이지 못하다는 것을 말합니다.

단권화 노트도 정작 가장 본인이 약하다고 생각하는 과목, 곧 수학이 아닌 탐구과목에서만 진행하고 있습니다. 이것만 봐도 이 친구 역시 좋아하는 과목과 싫어하는 과목에 대한 편차가 크다는 걸 알 수 있지요. 학생이 밝힌 공부법을 봐서는 당연히 학습계획서와 오답노트도 꾸준히 작성하고 있을 테지만, 6월 평가원 시험 결과는 지금보다 상당히 떨어질 유형입니다.

이 친구는 6월 평가원 모의고사 성적이 나온 이후 그 결과를 보고 방송 출연이 확정된다면 효과적이겠습니다. 실제로 적지 않은 고3 학생들이 교육청 모의고사에 비해 충격적일 정도로 6월 평가원 모의고사 성적이 떨어지는 경우가 많아서요. 그 시기에 맞춰 출연한다면 수험생들의 공감을 충분히 얻을 수 있는 유형입니다. 이런 친구들은 6월 모의고사에서 국어 1등급, 수학 2~3등급, 영어 2~3등급, 세계사 1등급, 생활과 윤리 2등급 정도를 받을 가능성이 높습니다.

참고로 4월 학력평가 성적으로는 정시모집에서 경인교대는 최초합격, 서울교대는 추가합격 1차 정도가 가능한 수준입니다. 🍏

15. 이과 학생

 **공부법**

- 국어: 비문학 1일 1지문. 모의고사 성적 컨디션 조절에 따라 기복 차가 심함
- 수학: 고2 때까지 학원에만 의존. 3학년 3월부터 ○○○ 쌤 인강 수강. 80점 대를 넘지 못함. 1등급 한 번 받은 적 있음
- 영어: 과외수업. EBS연계교재 변형문제 만들어보기. 주 2회 단어시험. 영어공부를 싫어했으나 3학년 이후 상승 추세. 4월에 처음 1등급
- 물리1 : 물리1은 어떻게 공부해야 할지 모르겠음. 벼락치기 기출공부
- 화학1 : 기출 위주로 공부
- 물리1을 제외한 나머지 과목은 1등급을 받은 경험이 있음

 ## 3월 학력평가 성적

	언어	수리	외국어	탐구	
				물리1	화학1
등급	1	3	3	2	1
원점수	96	67	93	35	43
전국백분위	97.35	78.40	86.95	90.81	95.54

 ## 4월 학력평가 성적

	언어	수리	외국어	탐구	
				물리1	화학1
등급	3	3	1	2	3
원점수	92	78	97	36	33
전국백분위					

 **희망대학**

- 서울시립대: 이 상태로 공부하여 운이 좋으면 갈 수도 있는 대학

- 중앙대: 방법을 제대로 알고 공부하면 갈 수 있을지도 모르는 대학

- 한양대: 정말 발전하는 공부를 한다면 갈 수 있을 것 같은 대학

- 고대 기계공학, 수학교육과: 꿈에 그리는 대학

 필자 컨설팅 결과

이 학생은 전형적인 자연계열 학생입니다. 시험을 치를 때마다 각 과목 간의 성적 편차가 큰 유형입니다. 특히 수학 때문에 상당히 골머리가 아픈 학생이지요. 자연계열 수험생 중 수학 때문에 힘들어하는 경우가 많으니, 출연한다면 많은 공감을 얻을 수 있을 것 같아요.

또 이 학생은 남학생으로 보입니다(실제로도 남학생 맞다고 합니다). 수학이 원점수 80점 이상을 넘어본 적이 없다고 하는데, 그 이유는 크게 2가지입니다. 하나는 학습계획이 없을 겁니다. 있더라도 러프하게 '오늘은 무슨 교재를 풀어야지' 하는 정도? 그냥 주먹구구식으로 기분에 따라 공부하는 유형이라 할 수 있죠.

다른 하나는 수능 수학에 대한 이해가 없는 경우이지요. 수학 출제범위를 보면 연도별로 항상 출제가 많이 되는 단원이나 출제가 안 되는 단원 등

이 존재하는데, 그런 단원에 대한 이해와 정보가 없으니 출제가 안 되는 단원 또는 되더라도 어쩌다 한 문제 나올까 말까 한 단원도 공부합니다. 그나마 수학에 쏟는 공부시간도 다른 과목과 큰 차이가 없을 겁니다.

또 다른 문제는 국어에 있습니다. 첫 시험은 국어로 시작됩니다. 국어에서 좋은 결과를 얻으면 다음 과목에도 좋은 영향을 주지만 주로 그렇지 않을 것 같네요. 아마 1교시 끝나고 친구들하고 답안을 맞혀보든가 아니면 그렇지 않더라도 신경을 쓰는 유형입니다. 정작 버스 떠났어도 쉽게 미련을 버리지 못하는 스타일, 그렇다고 국어에 쓰는 시간도 많지 않은 유형입니다.

이 친구는 4월 점수를 먼저 보인 후 3월을 공개하는 것이 효과적인 것 같습니다. 당장은 시험마다 점수 기복이 크겠지만 자신에게 맞는 학습계획을 세우고 자투리 시간을 제대로 활용한다면 7월 이후부터 안정적인 성적을 확인할 수 있는 유형이라 판단됩니다.

지금 성적으로는 서울시립대 공과대학 지원 시 추가합격 정도가 가능합니다. 🍏

16. 이과 학생

 **공부법**

- 계획을 세워서 공부하는 것을 좋아함
- 국어: 방학 때는 기출문제 매일 풀고, 지금은 일주일에 1번 정도
- 영어: 소리 내어 읽으며 공부하는 것을 좋아함. 매일 3지문 정도 풀고 있음. 단어 암기를 싫어해서 친구와 매일 서로 검사해주기. 2학년 때 3등급→11월 모의고사에서 처음으로 1등급 받고 자신감 상승
- 수학: 내신은 좋으나 모의고사는 항상 3등급. 내신 땐 수학공부가 즐거워서, 주말에 하루 종일 문제를 푼 적도 있고, '서브노트(오답노트와 비슷한)'도 만들어 공부. 모의고사 공부 방향을 잡지 못하고 있음. 현재 기출문제 푸는 중
- 과탐: 인강 수강 중

희망대학

- 성균관대

3월 학력평가 성적

	언어	수리	외국어	탐구	
				화학1	생명과학1
등급	1	3	2	2	4
원점수	95	77	98	38	26
전국백분위	96.10	87.15	94.85	89.63	70.79

4월 학력평가 성적

	언어	수리	외국어	탐구	
				화학1	생명과학1
등급	1	2	3	2	1
원점수	98	85	93	41	50
전국백분위	96.20	93.84	87.92	92.30	98.19

 ## 필자 컨설팅 결과

계획을 세워서 공부하는 것을 좋아하지만 생각만큼 만족할 만한 성적이 안 나오는 유형입니다.

이런 친구들은 주로 계획에 문제가 많습니다. 자신이 감당할 수 있는 수준 이상으로 빡빡하게 계획을 잡거나 골고루 영양섭취를 하기보다는, 그날그날 기분에 따라 편식하는 공부계획을 잡거나 할 겁니다. 그리고 실제로 학습계획을 세우고는 결과에 대한 피드백은 없을 것 같네요.

이 친구도 부지런한 편이지만, 과감히 버려야 할 것을 버리지 못하는 유형이기도 합니다. '내신은 좋으나 모의고사는 항상 3등급'이라고 한 수학 공부법에서 유추해볼 수 있는데요. 수능에 자주 출제되는 단원과 그렇지 않은 단원을 분류해 시간 투자를 해야 하는데 이런 유형은 그러기가 힘들어요. 수학 원점수가 널뛰기하는 것으로 봐서 마지막 1~2문제는 시간 부족 때문에 제대로 풀지 못할 가능성이 농후합니다.

하지만 시험이 끝난 이후에 풀어보면 시간만 있었다면 맞힐 수 있는 학생일 테지요. 영어도 빈칸추론에서 하나 더 맞고 더 틀리고에 따라 등급이 갈리는 학생인 것 같고요.

자연계열 학생 중에는 국어는 부동의 1등급이지만 수학과 영어는 2~3등급 번갈아 가면서 맞는 학생들도 적지 않아요. 방송에 출연해도 어느 정도 공감은 얻을 수 있을 듯합니다.

현재 성적으로는 중경시인아(중앙대, 경희대, 시립대, 인하대, 아주대 등) 급에서 학과에 따라 최초합격과 추가합격이 가능한 수준입니다. 🍏

17. 문과 학생

 **공부법**

- 모의고사는 고3이 되고부터 준비 중. 내신이 더 좋은 편
- 사탐: EBS강의 수강

 **모의고사 성적**

	언어	수리	외국어	탐구	
등급	3	3	3	3	3
원점수					

희망대학

- 한양대, 성균관대 종합전형
- 논술로 고대, 연대 고려 중

필자 컨설팅 결과

이 정도 모의고사 성적에 한양대와 성균관대 종합전형을 준비할 정도의 학생이라면 내신 성적은 2.2~2.5등급 이내로 보입니다. 이런 친구들을 '내신형 수험생'이라고 하는데요, 의외로 이런 유형도 많으니 방송에서 다뤄주는 것도 좋을 것 같아요.

내신형 친구들은 부지런하지만 고집이 강해 자신만의 공부방법을 고수하는 경우가 흔합니다. 아무리 좋은 조언을 해줘도 정작 자기 것으로 만드는 데에는 많은 저항이 따르지요. 🍎

18. 이과 고2 학생

 **공부법**

- 국어: 작년까지 학원 다님

- 수학: 같은 선생님한테 그룹과외, 개인과외를 받다가 학원으로 변경

- 영어: 과외 꾸준히 하는 중

- 과탐: EBS강의 수강

 2014년 모의고사 성적

	언어	수리	외국어	탐구		
				지리	한국사	화학
등급	3	3	3	2	1	5
원점수						
전국백분위						

2014년 모의고사 성적

	언어	수리	외국어	탐구		
				지리	한국사	화학
등급	3	3	3	1	1	6
원점수	84	55	92	50	44	19
전국백분위	86.97	76.39	87.68	99.07	95.73	37.13

희망대학

● IN서울

필자 컨설팅 결과

18번 학생도 암기과목을 좋아하는 유형이네요. 그에 비해 이해가 필요한 과목은 상대적으로 약하죠. 하지만 3등급이 꾸준히 나오는 걸로 봐서는 기본기가 있는 학생입니다.

아직 1년 반이라는 시간이 남았기 때문에 자신에게 필요한 공부방법과 취약단원에 대한 분석, 학습계획에 대한 장기적인 플랜을 세워주면 전 과목 1등급도 충분히 가능한 잠재력 있는 학생입니다. 🍎

19. 문과 학생

 공부법

- 깜지식 쓰기

 전국 학력평가 성적

| | 언어 | 수리 | 외국어 | 탐구 | |
				법과정치	사회문화
등급	2	2	1	1	1
원점수	88	70	100	42	47
전국백분위					

희망대학

- 수시전형, 논술전형 고려 중
- 성균관대, 중앙대, 경희대, 한국외대, 서울시립대

필자 컨설팅 결과

요즘에는 깜지식 학생을 만나기가 쉽지 않습니다. 깜지식은 무조건 쓰면서 외우고 공부하는 유형을 말합니다. 그래서 일정 부분 암기가 필요한 영어와 탐구과목 성적이 좋지요. 이 친구도 10번 친구와 마찬가지로 시간낭비형입니다. 하나하나 쓰면서 공부하려면 효율적인 시간 활용은 힘드니까요.

깜지식 학생은 갈수록 줄어들고 있어요. 가면 갈수록 학생들이 쓰면서 공부하는 공부법을 외면하기 때문인데요. 개인적으로는 흥미로운 친구이나, 방송에서는 다뤄봐야 큰 공감을 얻지는 못할 유형이라 보입니다.

현재 성적으로는 건고대 일부 하위권 학과, 동국대, 홍익대 정도에서 합격 가능합니다. 🍎

20. 문과 학생

 **공부법**

- 국어: 3개년 6 · 9월 모의고사, 5개년 수능문제 매일 풀이. 몇 번을 봐도 끝까지 모르는 문제가 1회에 1~2문제 정도 있음. 모의고사와 수능문제는 3번 풀어보는 것이 원칙. 현재는 2번째 푸는 중. 따로 지문에 대한 공책 만들어 정리 중. 화법 · 작문 · 문법 영역에 취약

- 수학: 개념수업 인강. 주 3회 모의고사풀이. 똑같은 문제 3번 정도 풀고, 그래도 모르는 문제는 선생님께 질문해서 해결

- 영어: 문제풀이 예습. 지문을 공책에 똑같이 옮겨 쓰고 혼자 분석, 수업 후 부족한 부분 채워 넣음. 수업 후 복습. 일주일에 1번 시간 정해놓고 5개년 6 · 9월 모의고사풀이. 단어는 야자 시작 후 10분, 야자 끝나기 전 5분

- 사탐: 투자 많이 안 하는 편. 예습 안 함. 헷갈리는 개념 많음

232

희망대학

● 한양대(에리카), 숙명여대, 동국대, 이화여대 광고홍보학과

3월 전국 학력평가 성적

	언어	수리	외국어	탐구	
				동아시아사	세계지리
등급	4	3	1	3	3
원점수					

4월 전국 학력평가 성적

	언어	수리	외국어	탐구	
				동아시아사	세계지리
등급	4	2	2	3	3
원점수					

# 필자 컨설팅 결과

이 친구는 자기 딴에는 열심히 공부하지만 성적은 만족스럽지 못한 유형입니다. 뭐랄까요, 대기만성형?

이런 유형은 공부방법에 문제가 있는 경우가 대부분입니다. 쓸데없는 데 시간을 허비하는 유형이지요. 예컨대 본인도 적어놓았듯이 '지문을 공책에 똑같이 옮겨 쓰고 혼자 분석' '따로 지문에 대한 공책 만들어 정리 중' … 시간낭비지요.

지문을 옮겨 쓸 시간에 영어단어를 하나 더 외우고 개념 공부를 더 하겠습니다. 그리고 '5개년 수능문제 매일 풀이' '개념수업 인강. 주 3회 모의고사풀이, 똑같은 문제 3번 정도 풀이'에서 볼 수 있듯이 EBS수능연계교재에 대한 언급은 없습니다. 그저 기출 모의고사만 계속 풀고 있는 것인데요. 정작 70퍼센트 연계되는 EBS교재에 대한 언급이 없다니요.

앞에서 이야기했죠? '공부방법이 잘못돼도 한참 잘못됐다. 자신의 현재 처지는 생각지도 않고 공부 잘하는 아이들의 공부법을 그대로 가져오고서는 성적이 안 나온다고 당연한 걱정을 하는 유형' 말이에요. 이런 학생들도 은근 많아요. 방송에 나온다면 어느 정도 공감을 얻을 수 있을 겁니다.

현재 성적으로는 동덕여대, 덕성여대 등에서 추가합격 가능한 수준입니다. 🍎

21. 문과 학생

 공부법

- 아침은 국어로 시작, 식사 후에는 영어, 쉬는 시간은 복습

- 밤 7~10시 야자시간에 수학. 집에 들어온 후 인강 2개 정도 들음

 3월 전국 학력평가 성적

	언어	수리	외국어	탐구	
				생활과윤리	사회문화
등급	4	3	4	4	2
원점수	80	52	74	30	39
전국백분위	70.16	76.67	63.71	66.13	90.90

3월 전국 학력평가 성적

	언어	수리	외국어	탐구	
				생활과윤리	사회문화
등급	4	3	4	4	2
원점수	80	52	74	30	39
전국백분위	70.16	76.67	63.71	66.13	90.90

희망대학

- 고려대

필자 컨설팅 결과

학생에게는 아주 미안하지만 희망이 없습니다. 고3만 응시 가능한 교육청 모의고사 성적이 이 정도라면 6월과 9월 그리고 수능에서는 지금보다 안 떨어지면 다행인 경우라 생각됩니다.

이 학생은 영어과목에서만 약간 성적을 올릴 수 있는 정도예요. 이런 학생들은 듣기에서 2~3개는 항상 틀려주기 때문에 남은 기간 듣기와 영어 단어 외우기에 시간을 투자한다면 지금보다 원점수가 8~10점 정도 올라갈 수 있습니다. 등급은 3등급까지는 가능한 수준입니다.

수학은 개념이 여기저기 뚫려 있을 것이고, 기초 실력도 턱없이 부족한 상태라서요.

만약 여름방학 기간에 자신이 부족한 개념과 취약단원을 공략한다면 3 등급까지는 올라갈 수 있을 것입니다. 그러나 문제는 고3의 특성상 내신과 수시모집을 준비하느라 이 역시 현실적으로 어려운 시나리오라는 것이지요.

현재 성적으로는 IN서울 불가능입니다. 건국대, 단국대, 홍익대 지방캠퍼스나 천안이나 대전 지역 대학에 합격 가능한 성적입니다. 🍏

22. 이과 독학재수생

 **공부법**

- 오로지 인강 수강 중

- 고3 때는 긴장도 거의 안 하고 틀린 문제를 봐도 실력이 부족하다고 생각했을 뿐, 안타까워한 적은 없음

- 독학재수를 한 후부터 틀린 문제를 볼 때마다 '왜 이 조건을 읽지 못했지?' '왜 나는 계산도 못하는 거지?' 하면서 너무 안타까워하게 됨

- 독학재수는 물론 금전적인 문제도 있지만, 중학교 때부터 학원을 다니면서 성적 좋은 친구들에게 느끼는 자괴감이나 실망감을 느끼고 싶지 않아서임

 희망대학

- 공군사관학교 또는 성균관대 이상의 대학

 6월 모의고사 성적

	언어	수리	외국어	탐구	
				생활과윤리	사회문화
등급					
원점수	75	61	87	40	47
전국백분위					

 필자 컨설팅 결과

이 학생은 큰 성과를 보기가 어려울 듯합니다. 적지 않은 독학재수생들은 자기 고집이 세고 누가 참견하는 것을 싫어합니다. 재수학원에 가지 않는 것도 각종 통제를 받기가 싫기 때문이지요.

이 학생은 자기 문제점이 무엇인지 잘 알고 있는 유형입니다. 하지만 문제점만 알고 있지 개선할 생각은 없네요. 영어단어를 안 외운다면 외우면 되는 것이고, 국어공부에 대한 시간이 부족하다면 공부시간을 확보히면 됩니다.

하지만 알면서도 실천하지 않는다는 건 일단 학습계획이 없이 그날 기분에 따라 주먹구구식으로 공부한다는 것입니다. 또 귀찮은 건 하기가 싫다, 즉 게으르다는 겁니다.

이 학생은 자기 고집이 강하기 때문에 전문가가 조언을 해주고 방법을 제시해도 효과가 크지 않습니다. 이런 유형의 학생들은 절대다수가 지난해보다 수능 성적이 떨어지게 됩니다.

현재 성적으로는 대전권 대학인 한남대, 배재대, 목원대 등에서 최초합격과 추가합격이 가능합니다. 🍏

23. 문과 독학재수생

 공부법

● EBS연계교재 활용

● EBS와 사교육 인강 들은 후 나에게 맞다고 생각하는 문제집 활용

 2015년 모의고사 성적표

	국어			수학		
	등급	표준점수	백분위	등급	표준점수	백분위
3월	1	129	96.7	3	117	78.7
4월	2	128	92	3	122	83

	영어			생활과윤리		윤리와사상	
	등급	표준점수	백분위	등급	원점수	등급	원점수
3월	2	128	92.7	1	48	2	42
4월	1	132	98	1	50	3	39

희망대학

● 한국교원대학교 윤리교육과

필자 컨설팅 결과

이 학생은 귀가 얇은 유형입니다. 흔들리지 않는 고득점을 받는 경지에 오르는 것이 목표라는 것도 본인 스스로 귀가 얇다는 걸 인정하는 겁니다. 6월 평가원 모의고사 성적표가 없습니다만, 3월과 4월로 유추해보면 대략 국어 2등급, 수학 3~4등급, 영어 2~3등급, 생활과윤리 1등급, 윤리와사상 2등급 정도일 겁니다.

이 학생은 부지런한 유형입니다. 학습계획도 세워서 실천하고 있을 겁니다. 하지만 항상 실력에 비해 실제 성적이 낮게 나오는 편이라 고민일 거예요. 큰 시험에 대한 불안감을 해결해주고 실수를 줄일 수 있는 방법에 대한 해결책이 제시된다면, 당장에 눈에 띄는 성과를 낼 수 있는 학생입니다.

이런 학생들은 실력이 부족하고 공부를 안 한다기보단, 정말 열심히 공부하고 실력도 있지만 그 실력을 점수로 만들어내는 통로가 문제입니다. 그래서 이런 결과가 나타납니다. 통로에 있는 문제점만 걷어내 주면 당장 9월부터 국어 1, 수학 2, 영어 1, 탐구 1의 성적을 만들어낼 수 있습니다.

이 정도 성적이면 본인이 목표로 하는 대학에 충분히 합격할 수 있습니다. 3월과 4월 성적으로는 국숭세단 선에서 합격이 가능합니다.

저는 이 학생이 방송에 꽤 적합할 거라고 봅니다. 굳이 독학재수생이 아니어도 큰 시험에 유독 약한, 시험불안이 큰 여학생이 많은 만큼 방송에서 다룬다면 큰 호응을 얻을 거라 생각됩니다. 이 학생을 강력해 추천합니다. 🍏

24. 이과 3수생

 공부법

- 평균 수면시간: 3시간(체력을 위해서 매일 무에타이를 하고 있음)

- 학원수업을 12시까지 듣고 오후 1시부터 밤 10시까지 자습. 자습이 길 때는 수학이나 과학같이 이어서 공부해야 하는 것을 위주로 하고, 국어와 영어는 끊어서 공부. 하루에 조금씩이라도 전 과목을 다 공부하려고 하는 편. 감을 잃지 않기 위해서

- 제일 고민인 과목: 화학1. 중학교 때 과학고를 준비해서 다른 애들이 비해 먼저 시작했고 화학2까지 배워서 배경지식이 있는데도 알고 있는 것에 비해 성적이 나오지 않음. 과탐 시험시간이 30분인데 시간이 늘 부족함. 급하면 문제를 띄엄띄엄 읽는 버릇이 있음. ○○○ 선생님 수업에서 '즉각반응'이라고 바로바로 대답하는 수업을 배웠으나 시험만 보면 적용이 안 됨. 작년에 ○○○ 현강을 듣다가 올해 ○○○ 선생님으로 바뀌어서 듣고 있음

- 자신 있는 과목: 국어. 갑자기 공부를 안 했는데 국어 점수가 잘 나옴.

학원 선생님들 말로는 이제 늙어서 그런 거라고. 비문학의 경우 1문제를 푸는 데 7분 정도 소요되지만, 문학은 빨리 푸는 편이라서 시간 분배도 괜찮은 편

- 작년 수능 성적: 국어(2) 수학(3) 영어(4) 화1(5) 생1(2)
- 고3 수능 성적: 국어(2) 수학(2) 영어(4) 화1(2) 생1(5)

희망대학

- 이화여대 분자생명학과(작년에 동국대 화학과 합격)

필자 컨설팅 결과

이 학생의 문제점은 2가지로 요약됩니다. '우선순위가 없다'는 것과 '공부 시간 대비 효율성이 떨어지는 것'입니다.

우선순위가 없다는 것은 '하루에 조금씩이라도 전 과목을 다 공부하려고 하는 편, 감을 잃지 않기 위해서'라는 표현에서 알 수 있습니다.

자신에게 강점인 영역과 단점인 영역이 있습니다. 그럼 어떤 영역에 더 많은 시간을 투자해야 하나요? 당연 단점인 영역입니다. 하지만 이 학생은 단지 '감을 잃지 않기 위해서'라는 이유로 전 과목을 조금씩이라도 다 공부하려고 합니다. 부지런하지만 미련한 유형의 학생입니다. 3수생 정

도로 경험이 많으면 선택과 집중에 대한 고민을 충분히 했어야 하는데, 그런 고민을 안 한 듯하군요.

제일 고민인 과목을 화학이라고 답한 것만 봐도 정작 뭐가 중요한지를 놓치는 유형입니다. 자연계열에서는 과학탐구도 물론 중요합니다. 그러나 본인이 목표로 하는 이화여대는 과학탐구만 반영하지 않습니다. 국어·영어·수학도 반영하지요. 이화여대는 정시모집에서 국어 25퍼센트, 수학 25퍼센트, 영어 25퍼센트, 과학탐구 25퍼센트의 비율로 수능을 반영합니다. 전 과목을 골고루 잘해야 한다는 뜻이죠.

그렇다면 하루의 공부시간도 전 과목 균등히 25퍼센트씩 배분하거나, 아니면 본인이 가장 성적이 안 나오는 국어→수학→영어→탐구과목 순서로 전략적으로 배분해서 학습계획을 세우는 것이 필요한데요. '갑자기 공부를 안 했는데 국어 점수가 잘 나옴' '국어와 영어는 끊어서 공부' 등의 패턴으로 볼 때는 학습계획을 제대로 세우지 않고 실천하지도 않는 유형이라 생각됩니다.

공부시간 대비 효율성이 떨어지는 것도 문제입니다. 하루 3시간 수면을 한다고 했습니다. 수능 성적이 좋고 나쁘고는 얼마나 자고 못 자느냐가 아닙니다. 하루 3시간만 자고 학원수업과 자습을 한다고 했는데, 정작 본인한테 물어보면 십중팔구 '그래도 시간이 부족해요'라는 대답이 나올걸요.

공부시간의 문제가 아니라 효율적인 공부계획이 없다는 것이 문제입니다. 잠은 5~6시간 이상 충분히 자둬야 합니다.

이 친구, 공부할 때 음악을 듣는지 살펴주세요. 이렇게 장시간 공부하는 학생들은 의외로 집중력이 약하기 때문에 음악을 들으며 공부할 가능성이 있습니다. 부지런하기 때문에 본인이 뭐가 문제인지를 살펴주고 해결책과 마스터플랜을 제시해준다면 수능에서 기대 이상의 결과를 낼 수 있는 유형입니다.

현재 6월 성적으로는 건동홍에서 학과에 따라 최초와 추가합격이 가능합니다. 🍏

진짜 공신이 되는 기적의 공부법

초판 1쇄 발행 2016년 1월 2일
초판 2쇄 발행 2016년 1월 25일

지은이 김범수
발행인 조상현
편집인 김사라
디자인 김성엽의 디자인모아

펴낸곳 더디퍼런스
등록번호 제2015-000237호
주소 서울시 마포구 마포대로 127, 304호
문의 02-725-9988
팩스 02-6974-1237
이메일 thedibooks@naver.com
홈페이지 www.thedifference.co.kr

ISBN 979-11-86217-23-8 (13370)